你一定要懂的经济学知识

王贵水　编著

北京工业大学出版社

图书在版编目（CIP）数据

你一定要懂的经济学知识 / 王贵水编著. —北京：北京工业大学出版社，2015.2（2021.5 重印）

ISBN 978-7-5639-4174-2

Ⅰ. ①你… Ⅱ. ①王… Ⅲ. ①经济学—通俗读物 Ⅳ. ①F0-49

中国版本图书馆 CIP 数据核字（2014）第 303282 号

你一定要懂的经济学知识

编　　　著：	王贵水
责任编辑：	贺　帆
封面设计：	泓润书装
出版发行：	北京工业大学出版社
	（北京市朝阳区平乐园 100 号　邮编：100124）
	010-67391722（传真）　　bgdcbs@sina.com
出 版 人：	郝　勇
经销单位：	全国各地新华书店
承印单位：	天津海德伟业印务有限公司
开　　　本：	700 毫米 ×1000 毫米　1/16
印　　　张：	11.5
字　　　数：	137 千字
版　　　次：	2015 年 2 月第 1 版
印　　　次：	2021 年 5 月第 2 次印刷
标准书号：	ISBN 978-7-5639-4174-2
定　　　价：	28.00 元

版权所有　翻印必究

（如发现印装质量问题，请寄本社发行部调换 010-67391106）

前　言

如何衡量商品价值量的大小？货币的功能有哪些？物以稀为贵这种说法蕴含着什么经济学原理？剩余价值是如何产生的？财富和收益模式中的二八法则是怎么回事？投资决策时如何分析潜在的机会成本和分散风险？选购股票需要具备哪些基本常识？什么是品牌效应？……这些发生在人们身边的经济常识，你知道多少呢？

经济学既是一门严谨的科学，也是一门生活的艺术，与日常生活密切相关。细心的你会发现，经济学知识对人们的生活有着深远的影响，我们天天都在与其打交道。

许多经济理论都能应用到生活中来，生活中也处处用得到经济学常识。如储蓄、投资、养老和赚钱等个人理财知识，公司董事会如何提高投资回报率，做一位理性的消费者并维护自己的正当权利，了解生态经济学讨论的焦点以及理解失业问题、贫富差距加大问题的根源等，都涉及经济学的基本知识。

总的来说，经济学不是烦冗的公式，不是枯燥的定理，它的存在是基于对现实的思考。也许经济学不能告诉你所有答案，但是以经济学的视角来观察这个世界，你会发现事情原来如此简单。

在轻松好玩中掌握经济学的精髓，让经济学成为你掌控生活和工作的左膀右臂。

本书通俗且系统化地介绍了经济学的基本概念、经济繁荣和萧条的原因、竞争与垄断对供给和需求的影响、收入分配的基本常识、国际贸易的货币和实物知识、生活中基本的经济问题等直接关乎人们的切身利益的经济学知识。本书在深奥的经济学理论和简明易懂的经济学知识之间搭设了一座桥梁，寓经济学理论于启人深思的故事中。读者可在轻松愉悦的阅读中获取大量的经济学知识。

目 录

第一章 生活中最常见的那些经济学名词

GDP / 2

绿色 GDP / 2

GNP / 3

国民收入 / 4

宏观调控 / 4

财政政策 / 5

货币政策 / 5

财政预算 / 6

政府采购 / 6

财政赤字 / 7

通货膨胀 / 7

通货紧缩 / 8

生产率 / 9

资本收益率 / 10

商品价值量 / 11

软着陆 / 15

第二章 货币在当代经济生活中扮演"天使"角色

货币需求和供给 / 17

基础货币 /19

货币头寸 /19

货币失衡 /20

货币回笼与扩张 /21

公开市场操作 /22

银行是什么 /23

央行 /24

美联储 /25

商业银行 /26

银根 /26

准备金 /27

法定准备金及准备金率 /27

超额准备金 /28

存款类型 /29

利率变化 /30

利息 /31

复利 /32

美国联邦基金率 /33

贷款 /34

贴现 /35

再贴现 /35

资产负债表 /36

金融中介 /37

经济周期 /37

经济危机与经济泡沫 /38

金融危机与金融泡沫 /39

亚洲金融危机 /40

房地产泡沫 /41

次贷危机 /42

第三章　生活中的消费经济学原理

需求与供给 /44

价格 /44

需求弹性 /45

消费心理 /46

多购现象 /47

口红效应 /47

2元市场 /48

高跟鞋的秘密 /49

去大超市购物 /50

商品打折 /50

超市标价尾数 /51

精致珠宝包装盒 /52

消费的陷阱 /52

世上没有免费午餐 /53

天上不会掉下个林妹妹 /54

牛奶消费观察 /55

方牛奶和圆可乐 /56

童话般的定价系统 /57

捆绑销售 /58

谢绝自带酒水 /58

自助餐 /59

拍卖是怎么回事 /60

遛狗理论 /61

超市商品摆放学问 /61

第四章 你一定要知道的生活中的趣味经济学

裙边理论 /64

面对鱼与熊掌怎么办 /65

理性人假设 /66

交换的基础 /67

畅销书比滞销书便宜 /68

电影院里的爆米花 /68

旅游区饭店淡季不关店 /69

机票"跳楼价"是怎么回事 /70

商家打折真相 /70

就业歧视问题 /71

帕累托最优与帕累托改进 /72

幸运的津巴布韦大象 /73

爱尔兰的土豆 /74

替代品与互补品 /75

猴子的投资收益 /76

零和效应和双赢效应 /76

墨菲定理 /77

第五章　你一定要懂的个人理财产品知识

个人理财 /80

个人收入 /80

个人消费支出 /80

储蓄实名制 /81

基金投资 /81

基金经理 /84

组合投资 /85

保本基金 /85

成长型基金 /86

股票型基金 /86

债券基金 /87

货币市场共同基金 /87

开放式基金 /88

封闭式基金 /89

收入型投资基金 /89

风险投资基金 /89

平衡型投资基金 /90

指数基金 /90

国家基金与国际基金 /91

基金拆分 /91

金融商品 /92

金融投资 /93

保险商品 /94

意外伤害保险 /94

医疗保险 /95

养老保险 /95

失业保险 /96

投资型保险 /96

银行理财产品 /97

第六章 拨开股票、证券市场中的那些迷雾

场外交易 /99

场内交易 /99

一级市场 /100

二级市场 /101

二级市场与一级市场 /101

大盘与小盘 /102

开盘价、收盘价与成交量 /103

停牌 /104

涨（跌）停板 /104

价格股利率 /104

投资报酬率 /105

股价指数 /105

评级机构 /106

三大评级机构 /107

上证股价指数 /107

深圳股价指数 /108

标准普尔股票价格指数 /109

道·琼斯股票指数 /109

《金融时报》股票指数 /110

日经股票指数 /111

恒生指数 /111

国企指数 /112

纳斯达克 /112

美元指数 /113

股票 /114

国家股和个人股 /114

绩优股 /115

蓝筹股 /115

红筹股 /116

A股 /117

B股 /117

H股、N股、S股 /118

ST股 /118

一线股与二线股 /119

优先股 /120

配股 /120

新股 /121

期权 / 121

期货 / 122

股指期货 / 123

建仓、平仓 / 123

爆仓 / 125

私募 / 125

牛市（多头市场）/ 126

熊市（空头市场）/ 126

平衡市 / 127

证券 / 127

国务院证券委和中国证监会 / 128

证券交易所 / 129

买空、卖空、跳空 / 129

缩量 / 131

放量 / 131

底部堆量 / 132

总市值 / 132

流通市值 / 133

对冲基金 / 133

国家债券有哪些 / 134

公司债券 / 134

企业债券 / 135

第七章 你一定要懂的企业知识

有限责任公司 / 138

股份有限公司 /138

上市公司 /138

上市公司收购 /139

法人与自然人 /139

董事 /140

董事长 /141

总裁 /141

首席执行官 /142

董事会 /143

监事 /144

监事会 /144

信托 /145

委托人和受托人 /146

股东大会 /147

国企 /147

营业执照 /148

企业文化 /149

企业精神 /150

产品质量认证 /151

供应链 /151

啤酒效应是什么 /152

连锁经营 /153

电子商务 /154

企业家 /154

品牌效应 /155

品牌文化 /156

营销 /157

分销 /157

债权人 /160

债务人 /160

破产 /161

破产保护 /162

跨国公司 /162

兼并与收购 /163

第八章　跟外国人做生意要懂点国际贸易

国际贸易 /165

出口贸易 /165

进口贸易 /166

WTO /167

世界银行 /168

国际货币基金组织 /169

欧盟 /170

第一章
生活中最常见的那些经济学名词

　　生活中，我们经常在电视上、报纸上看到GDP、GNP、宏观调控、软着陆等经济学名词，也有老百姓最关心的失业、税收、商品价值等术语。那么，如何理解这些名词所隐含的经济学原理呢？让我们一起来熟悉这些名词吧。

GDP

GDP 是英文 Gross Domestic Product 的缩写，即国内生产总值，指一定时期内（一个季度或一年），一个国家或地区的经济中所生产出的全部最终产品和提供劳务的市场价值的总和。

GDP 是宏观经济中最受关注的经济统计数字，因为它被认为是衡量国民经济发展情况的最重要的一个指标。一般来说，国内生产总值有三种形态，即价值形态、收入形态和产品形态。从价值形态看，它是所有常驻单位在一定时期内生产的全部货物和服务价值与同期投入的全部非固定资产货物和服务价值的差额，即所有常驻单位的增加值之和；从收入形态看，它是所有常驻单位在一定时期内直接创造的收入之和；从产品形态看，它是货物和服务最终使用减去货物和服务进口。

绿 色 GDP

绿色 GDP 是绿色经济 GDP 的简称，指的是从 GDP 中扣除自然资源耗减价值与环境污染损失价值后剩余的国内生产总值，称为可持续发展国内生产总值。

中国科学院可持续发展课题研究组提出的绿色 GDP 为：GDP 扣减自然部分的虚数和人文部分的虚数。

自然部分的虚数从下列因素中扣除：（1）环境污染所造成的环境质量下降；（2）自然资源的退化与配比的不均衡；（3）长期生态质量退化所造成的损失；（4）自然灾害所引起

的经济损失；（5）资源稀缺性所引发的成本；（6）物质、能量的不合理利用所导致的损失。

人文部分的虚数从下列因素中扣除：（1）由于疾病和公共卫生条件所导致的支出；（2）由于失业所造成的损失；（3）由于犯罪所造成的损失；（4）由于教育水平低下和文盲状况导致的损失；（5）由于人口数量失控所导致的损失；（6）由于管理不善（包括决策失误）所造成的损失。

绿色 GDP 能够反映经济增长水平，体现经济增长与自然环境和谐统一的程度，实质上代表了国民经济增长的正效应。绿色 GDP 占 GDP 比重越高，表明国民经济增长对自然的负面效应越低，经济增长与自然环境和谐度越高。实施绿色 GDP 核算，将经济增长导致的环境污染损失和资源耗减价值从 GDP 中扣除，是统筹"人与自然和谐发展"的直接体现，对"统筹区域发展"、"统筹国内发展和对外开放"是有力的推动。同时，绿色 GDP 核算有利于真实衡量和评价经济增长活动的现实效果，能够克服片面追求经济增长速度的倾向和促进经济增长方式的转变，可从根本上改变"GDP 唯上"的政绩观，增强公众的环境资源保护意识。

GNP

GNP 是英文 Gross National Product 的缩写，即国民生产总值，指一个国家（或地区）所有国民在一定时期内新生产的产品和服务的价值的总和。GNP 是按照国民原则核算的，只要是本国（或地区）居民，无论是否在本国境内（或地区内）居住，其生产和经营活动新创造的增加值都应该计算在内。比如我国居民在美国工作所获得的收入就应该算入我国的 GNP。

国民生产总值是最重要的宏观经济指标之一。GNP 比 GDP 更能反映一个国家真实的经济状况，因为 GDP 是国土原则，GDP 包含了外国公司在本国创造的收入，而这些收入最终要流入外国。GNP 则与国民原则联系在一起。

国 民 收 入

国民收入是指物质生产部门的劳动者在一定时期所创造的价值。从社会总产值中扣除物质消耗后的剩余部分就是国民收入。

一般来说，有三种衡量国民收入的方法：收入法、支出法和产出（产品）法。收入法：通过加总本国居民、公司和个人直接得自当期货物和服务生产的收入，即要素收入之总和。支出法：把消费支出和投资支出进行加总，从而得出按市场价格计算的国内总支出，它只是总和最终购买价值，而把所有对中间货物的支出排除在外。产出法：汇总该国的工业和生产性企业在每一生产阶段上的增加值。反映国民收入的两个主要统计数字是本地生产总值（GDP，即国内生产总值）及本地居民生产总值（GNP，即国民生产总值）。

宏 观 调 控

亚当·斯密曾经将政府的职责定位为"守夜人"的角色，即如果市场运作一切正常，政府就不会也不应该对市场进行干预。但是，市场不是万能的，市场通常不能解决诸如外部性（例如污染）、公共产品（例如路灯）以及垄断等问题，这就需要政府进行宏观调控。

比如外部性的问题。市场有时候无法避免污染的外部性问题，这时候就需要政府出面干预，通过行政管制、颁发污染许可证等措施，来减少市场带来的过多污染。这是负的外部性，也有一些正的外部性的例子，比如发明，由于新发明产生的新知识往往容易传播到外部，不再为发明者所有，因此，政府通过设立专利，对这些发明进行保护，为发明者提供一定的激励，从而鼓励发明人从事创造性的活动。

财政政策

财政政策指的是国家根据一定时期的政治、经济、社会发展的任务而规定的财政工作的指导原则，通过财政支出与税收政策来调节总需求。增加政府支出，可以刺激总需求，从而增加国民收入，反之则抑制总需求，减少国民收入。税收对国民收入是一种收缩性的力量，因此，增加政府税收，可以抑制总需求，从而减少国民收入，反之，则刺激总需求而增加国民收入。

财政政策是国家整个经济政策的组成部分。

货币政策

货币政策指的是政府或中央银行为影响经济活动所采取的措施，尤指控制货币供给以及调控利率的各项措施，用以达到特定的目标。比如，抑制通货膨胀、实现完全就业或经济的增长，可以通过直接地或间接地公开市场操作和设置银行最低准备金（最低储备金）来实现。

财政预算

财政预算也称为公共财政预算，是指政府的基本财政收支计划，是按照一定的标准将财政收入和财政支出分门别类地列入特定的收支分类表格之中，以清楚地反映政府的财政收支状况。通过公共财政预算，可以使人们了解政府活动的范围和方向，也可以体现政府的政策意图和目标。

财政预算一般由财政预算收入和财政预算支出组成。财政预算收入主要是指部门所属事业单位取得的财政拨款、行政单位预算外资金、事业收入、事业单位经营收入、其他收入等；财政预算支出是指部门及所属事业单位的行政经费、各项事业经费、社会保障支出、基本建设支出、挖潜改造支出、科技三项费用及其他支出。

政府采购

政府采购指国家各级政府为从事日常的政务活动或为了满足公共服务的目的，利用国家财政性资金和政府借款购买货物、工程和服务的行为。政府采购不仅是指具体的采购过程，而且是采购政策、采购程序、采购过程及采购管理的总称，是一种对公共采购进行管理的制度。

政府采购需要采购政府机构所需要的各种物资，这些物资包括办公物资，例如计算机、复印机、打印机等办公设备、纸张、笔墨等办公材料，也包括基建物资、生活物资等各种原材料、设备、能源、工具等。政府采购也和企业采购一样，属于集团采购，但是它的持续性、均衡性、规律性、严格性、科学性都没有企业采购那么强。政府采购最基本的特点是一种公款购买活动，是由政府拨款进行的购买。

财政赤字

财政赤字是财政支出大于财政收入而形成的差额，由于会计核算中用红字来处理，所以称为财政赤字。赤字的出现有两种情况，一是有意安排，被称为"赤字财政"或"赤字预算"，它属于财政政策的一种；另一种情况，即预算并没有设计赤字，但执行到最后出现了赤字，也就是"财政赤字"或"预算赤字"。财政赤字是财政收支未能实现平衡的一种表现，是一种世界性的财政现象。

在现实中，国家经常需要大量的财富解决大批的问题，便会出现入不敷出的局面。这是现在财政赤字不可避免的一个原因。不过，这也反映出财政赤字的一定作用，即在一定的限度内，可以刺激经济增长。在居民消费不足的情况下，政府通常的做法就是加大政府投资，以拉动经济的增长，但这绝不是长久之计。

通货膨胀

通货膨胀在现代经济学中意指整体物价水平的上升。当你发觉钱包里的钱开始变薄了的时候，也许通货膨胀就悄悄发生了。

一般性的通货膨胀为货币的市场价值或购买力下降。纸币的发行量不能超过它象征的金银货币量，一旦超过了这个量，纸币就要贬值，物价就要上涨，从而出现通货膨胀。通货膨胀只有在纸币流通的条件下才会出现，在金银货币流通的条件下不会出现此种现象。因为金银货币本身具有价值，具有作为贮藏手段的职能，可以自发地调节流通中的货币量，使它同商品流通所需要的货币量相适应。而在纸币流通的条件下，因为纸币本身不具有价值，它只是代表金银货币的符号，不能作为贮藏手段，因此，纸币的发行量如果超过了商品流通所需要的数量，就会贬值。比如，商品流通中所需要的金银货币量不变，而纸币发行量超过了金银货币量的一倍，单位纸币就只能代表单位金银货币价值量的 1/2，在这种情况下，如果用纸币来计量物价，物价就上涨了一倍，这就是通常所说的货币贬值。此时，流通中的纸币量比流通中所需要的金银货币量增加了一倍，这就是通货膨胀。

通 货 紧 缩

对于通货紧缩的定义，与对通货膨胀一样，国内外还没有统一的认识，从争论的情况来看，大体可以归纳为以下三种。

一种观点认为，通货紧缩是经济衰退的货币表现，因而必须具备三个基本特征：一是物价的普遍持续下降；二是货币供给量的连续下降；三是有效需求不足，造成经济全面衰退。这种观点被称为"三要素论"。

另一种观点认为，通货紧缩是一种货币现象，表现为价格的持续下跌和货币供给量的连续下降，即所谓的"双要素论"。

第三种观点认为，通货紧缩就是物价的全面持续下降，被称为"单要素论"。

从上面的介绍可以看出，尽管对通货紧缩的定义仍有争论，但对于物价的全面持续下降这一点却是共同的。一般来说，"单要素论"的观点对于判断通货紧缩的发生及其治理更为科学。这是因为，通货紧缩作为通货膨胀的反现象，理应反映物价的变动态势。价格的全面、持续下降，表明单位货币所反映的商品价值在增加，是货币供给量相对不足的结果，也就是说，货币供给不足可能只是通货紧缩的原因之一，因此，"双要素论"的货币供给下降的界定，将会缩小通货紧缩的范围。而"三要素论"中的经济衰退，一般是通货紧缩发展到一定程度的结果，因此，用经济衰退的出现来判断通货紧缩就太晚了。

根据"单要素论"的观点，判断通货紧缩的标准只能是物价的全面持续下降，其他现象可以作为寻找成因、判断紧缩程度等的依据，但作为通货紧缩的构成要素是不妥的。

生　产　率

世界各国生活水平的差别是惊人的。高收入国家的公民比低收入国家的公民拥有更多的电视机、更多的汽车、更好的营养、更好的医疗保健，以及更长的预期寿命。

随着时间的推移，各国人民生活水平的变化也很大。在美国，从历史上看，收入的增长每年为2％左右（根据生活费用变动进行调整之后）。按这个比率，平均收入每35年翻一番。在另外一些国家，经济增长甚至更快。例如，在日本，近20年间平均收入翻了一番，而韩国在近10年间平均收入翻了一番。

用什么来解释各国和不同时期生活水平的巨大差别呢？

答案简单得出人意料。几乎所有生活水平的变动都可以归因于各国生产率的差别，就是一个工人一小时所生产的物品与劳务量的差别。在那些每单位时间工人能生产大量物品与劳务的国家，大多数人享有高生活水平；在那些工人生产率低的国家，大多数人必须忍受贫困的生活。同样，一国的生产率增长率决定了平均收入增长率。

生产率和生活水平之间的基本关系是简单的，但它的意义是深远的。如果生产率是生活水平的首要决定因素，那么，其他解释的重要性就应该是次要的。例如，有人想把20世纪美国工人生活水平的提高归功于工会或最低工资法。但美国工人的真正英雄行为是他们提高了生产率。另一个例子是，一些评论家声称，美国近年来收入增长放慢是由于日本和其他国家日益激烈的竞争，但真正的原因不是来自国外的竞争，而是美国生产率增长的放慢。

《鲁滨孙漂流记》中的主人公如果能够捕到更多的鱼，他的生活水平就会提高。一个国家也是如此，只有能生产大量的物品和劳务，它的成员才能享受更高的生活水平和生活质量。

资本收益率

资本收益率又称资本利润率，英文名称是 Rate of Return on Capital，指的是企业净利润（即税后利润）与所有者权益（即资产总额减负债总额后的净资产）的比率，用以反映企业运用资本获得收益的能力，也是财政部对企业经济效益的一项评价指标。资本收益率的内涵可分为实收资本收益率、自有资本收益率、总资本收益率、经营资本收益率、人力资本收益率等。资本收益率越高，说明企业自有投资的经济效益越好，投资者的风险越少，意味着值得投资和继续投资，对股份有限公司来说，就意味着股票要升值。因此，资本收益率是投资者和潜在投资者进行投资决策的重要依据。

商品价值量

商品价值量是指商品价值的大小。它也可以从两方面去理解，一是单位商品价值量，二是商品价值总量。单位商品价值量指的是某个商品的价值大小，商品的价值总量则是指同一时间、同一劳动生产出来的所有商品价值量的总和，两者不能混淆。单位商品价值量指的是个体，而商品的价值总量则是个体之和。

商品价值量的决定，首先是通过生产部门内部商品生产者之间的竞争，使个别劳动时间转化为社会必要劳动时间，个别价值转化为社会价值即市场价值的过程。

假定市场上商品供求平衡，不存在竞争，某生产部门生产条件分为优、中、劣三种，那么，商品价值量的决定就有以下三种情况。

第一，在这个部门的生产中，如果中等生产条件占统治地位，中等生产条件生产的产品在这个部门的产品中占绝大多数，那么，生产这种商品的社会必要劳动时间就由中等生产条件生产商品的个别劳动时间来决定，商品的社会价值就由中等生产条件生产出来的商品的个别价值来决定。

第二，在这个部门的生产中，如果劣等生产条件占统治地位，劣等生产条件生产的产品在这个部门的产品中占绝大多数，那么，生产这种商品的社会必要劳动时间就由劣等生产条件生产商品的个别劳动时间来决定，商品的社会价值就由劣等生产条件生产出来的商品的个别价值来决定。

第三，在这个部门的生产中，如果优等生产条件占统治地位，优等生产条件生产的产品在这个部门的产品中占绝大多数，那么，生产这种商品的社会必要劳动时间就由优等生产条件生产商品的个别劳动时间来决定，商品的社会价值就由优等生产条件生产出来的商品的个别价值来决定。

如果把市场供求关系和市场竞争引入，并且假定市场供求关系平衡，在这个部门的生产中，中等生产条件占统治地位，生产这种商品的社会必要劳动时间由中等生产条件生产商品的个别劳动时间来决定，这种商品的社会价值由中等生产条件生产出来的商品的个别价值来决定。这样，商品价值量的决定就出现以下情况。

（1）如果市场上商品供不应求，价格上涨，不仅具有优等和中等生产条件的企业生产该种商品的利润量增长，而且具有劣等生产条件的企业生产该种商品也有利可图，于是，劣等生产条件企业大量涌入，致使劣等生产条件在该部门生产中占统治地位，其产品数量在该部门的产品中占绝大多数，这样，生产该种商品的社会必要劳动时间，就由劣等生产条件生产商品的个别劳动时间来决定，该种商品的社会价值就由劣等生产条件生产的商品的个别价值来决定。

（2）如果市场上商品供过于求，价格下跌，具有劣等生产条件的企业甚至一部分具有中等生产条件的企业退出生产行列，致使优等生产条件在该部门的生产中占统治地位，这种条件下生产的商品在该部门产品中占绝大多数，这样，生产该种商品的社会必要劳动时间就由优等生产条件生产商品的个别劳动时间来决定，优等生产条件生产的商品的个别价值就决定该商品的社会价值。

这样,通过市场竞争引起了市场供求不断变化、价格上下波动和生产条件不断变动,最后,商品生产者生产商品的个别劳动时间转化为社会必要劳动时间,商品的个别价值转化为社会价值。

以上情况说明,个别劳动时间转化为社会必要劳动时间、个别价值转化为社会价值的过程,就是生产商品的个别生产条件、个别劳动时间、商品个别价值的加权平均过程。

由此,我们可得以下结论:决定商品价值的生产条件是社会平均生产条件,决定商品价值的社会必要劳动时间是生产商品的社会平均劳动时间。商品的社会价值可以看作一个部门所生产的商品的平均价值(这里的平均是加权平均),也可看作这个部门的平均(加权平均)生产条件下生产的构成该部门产品很大数量的那种商品的个别价值。

商品价值量的决定,还要受按比例分配社会劳动规律的支配。

马克思指出:"要想得到和各种不同的需要量相适应的产品量,就要付出各种不同的和一定的社会总劳动。这种按一定比例分配社会劳动的必要性,绝不可能被社会生产的一定形式所取消,而可能改变的只是它的表现方式。"在商品经济条件下,这一按比例分配社会劳动的规律,对商品价值量的决定起着十分重要的作用。这种作用的具体表现是:

要生产一定的产品量,就需要投入一定的劳动量。社会为满足人们对某种产品的需要,就要按比例地向这个部门投入一部分社会必要劳动量。如果某种商品的产量超过了当时的社会需要,社会劳动时间的一部分就浪费掉了,这时,这个商品量在市场上代表的社会劳动量就比它实际包含的社会劳动量要小得多。这说明，一种商品的市场价值总量，不是由这个部门随便投入的劳动总量来决定的，而是由社会为满足对这种商品的需要而按比例地投到这个部门的社会必要劳动总量所规定的。这就是我们上面所说的决定商品价值的社会必要劳动时间的另一种含义。

从商品价值量的决定中可以看出两种含义的社会必要劳动时间的关系：第一种含义的社会必要劳动时间是第二种含义的社会必要劳动时间的历史和逻辑的起点，第二种含义的社会必要劳动时间要通过第一种含义的社会必要劳动时间发挥作用。

影响和决定商品价值量的因素包括社会必要劳动时间和劳动生产率。

社会必要劳动时间对商品价值的影响和决定：

生产商品所需要的社会必要劳动时间越多，单位商品的价值量越大，反之则越小，单位商品的价值量与生产商品的社会必要劳动时间成正比。

劳动生产率对商品价值量的影响和决定：

①对商品使用价值量的影响和决定：劳动生产率越高，单位时间内生产的使用价值量越多，反之，则越少。劳动生产率与这一劳动所生产的使用价值量成正比。

②对商品价值总量的影响和决定：无论劳动生产率如何变化，在同一时间内，同一劳动所创造的价值总量不变。

③对单位商品价值量的影响和决定：劳动生产率越高，单位商品的价值量越小，反之，则越大。单位商品的价值量与这一劳动的劳动生产率成反比。

软着陆

软着陆原本指人造卫星、宇宙飞船等在降落过程中，逐渐降低降落速度，使得航天器在接触地球或其他星球表面瞬时的垂直速度降低到很小，最后不受损坏地降落到地面或其他星体表面上，从而实现安全着陆的技术。

而经济中引进"软着陆"一词，指的是国民经济的运行经过一段过度扩张之后，平稳地回落到适度的增长区间。国民经济的运行是一个动态的过程，各年度间经济增长率的运动轨迹不是一条直线，而是围绕着潜在增长能力上下波动，形成扩张与回落相交替的一条曲线。国民经济的扩张，在部门之间、地区之间、企业之间具有连锁扩散效应，在投资与生产之间具有累积放大效应。当国民经济的运行经过一段过度扩张之后，超出了其潜在增长能力，打破了正常的均衡，经济增长率就会回落，"软着陆"即是一种回落方式。

在这里，"软着陆"也是相对于"硬着陆"，即"大起大落"的方式而言的。"大起大落"由过度的"大起"而造成。国民经济的过度扩张，导致其极大地超越了潜在增长能力，严重破坏了经济生活中的各种均衡关系，于是用"急刹车"的办法进行"全面紧缩"，最终导致经济增长率的大幅度降落。采用强力的财政货币政策一次性在较短的时间内通过牺牲较多的国民收入将通胀率降到正常水平，优点是重拳出击、立竿见影，缺点是经济震动较大。

第二章
货币在当代经济生活中扮演"天使"角色

　　货币在现实中,只是一种观念,一定价值的体现,它代表着纸币等货币符号背后蕴含的物质利益关系。我们将人民币存进银行,这就是将货币储存——这是货币的贮藏职能。人民币换成美元购买国外商品,再卖出商品换回美元,这是货币的国际货币职能,它是伴随着国际贸易的发生而产生的。

货币需求和供给

货币是指任何一种可以执行交换媒介、价值尺度、贮藏手段、延期支付标准等功能的商品。从商品中分离出来固定地充当一般等价物的商品，就是货币。货币是商品交换发展到一定阶段的产物。货币的本质就是一般等价物。

通常，每个国家都只使用唯一的一种货币，并由中央银行发行和控制。不过也存在例外，亦即多个国家可以使用同一种货币。比如在欧盟国家通用的欧元，在西非经济共同体的法郎，以及在19世纪的拉丁货币同盟，名称不同，但都能在联盟内部自由流通。一个国家可以选择别国的货币作为法定流通货币，比如，巴拿马选择美元作为法定货币。不同国家的货币还可能使用相同的名字，比如，在法国和比利时使用欧元之前，它们和瑞士的货币都叫法郎。有时因为特殊原因，同一个国家内的不同自治体可能也会发行不同版本的货币，例如在英国，英格兰、苏格兰以及海峡群岛的泽西行政区、根西行政区都拥有各自发行的不同版本货币，并且互相可在英国境内的其他地区交易，但唯有英格兰的英镑才是国际承认的交易货币。

货币需求指的是经济主体，如居民、企业和单位等，能够并愿意以货币的形式持有的数量。经济学意义上的需求指的是有效需求，不单纯是一种心理上的欲望，而是一种能力和愿望的统一体。货币需求作为一种经济需求，理当是由货币需求能力和货币需求愿望共同决定的有效需求，这是一种客观需求。

货币需求是一种派生需求，派生于人们对商品的需求。

居民、企业和单位持有的货币执行流通手段和贮藏手段。如居民用货币来购买商品或者支付服务费用，购买股票和债券，偿还债务，以及以货币的形式保存财富等；企业以货币支付生产费用，支付股票、债券的息金，以货币形式持有资本等。

人们对货币有需求的原因是因为货币是最具有方便性、灵活性、流动性的资产。持有货币能满足人们对货币的流动性偏好。

货币供给（Money Supply）是指某一国或货币区的银行系统向经济体中投入、创造、扩张（或收缩）货币的金融过程。

货币供给的主要内容包括：货币层次的划分；货币创造过程；货币供给的决定因素等。在现代市场经济中，货币流通的范围和形式不断扩大，现金和活期存款被普遍认为是货币，定期存款和某些可以随时转化为现金的信用工具，如公债、人寿保险单、信用卡，也被广泛认为具有货币性质。

一般认为，货币层次可以划分如下：

M1＝现金＋活期存款＋旅行支票＋其他支票存款；

M2＝M1＋小额定期存款＋储蓄存款＋散户货币市场共同基金；

M3＝M2＋其他金融资产。

决定货币供给的因素包括中央银行增加货币发行、中央银行调节商业银行的可运用资金量、商业银行派生资金能力以及经济发展状况、企业和居民的货币需求状况等。货币供给还可划分为以货币单位来表示的名义货币供给和以流通中的货币所能购买的商品和服务表示的实际货币供给两种形式。

基础货币

基础货币，也称货币基数（Monetary Base）、强力货币、始初货币。这一概念可分别从基础货币的来源和运用两个方面来加以理解。从基础货币的来源来看，它是指货币当局的负债，即由货币当局投放并为货币当局所能直接控制的那部分货币，它只是整个货币供给量的一部分。从基础货币的运用来看，它是由两个部分构成：一是商业银行的存款准备金（包括商业银行的库存现金以及商业银行在中央银行的准备金存款）。二是流通于银行体系之外而为社会大众所持有的现金，即通常所谓的"通货"。简单来说，就是中央银行一共发行了多少人民币，即有多少基础货币。

基础货币是整个商业银行体系借以创造存款货币的基础，是整个商业银行体系的存款得以倍数扩张的源泉。

货币头寸

货币头寸（Cash Position），头寸又作头衬，货币头寸又称现金头寸，是指商业银行每日收支相抵后，资金过剩或不足的数量，收大于支叫多头寸，支大于收叫少头寸。货币头寸是同业拆借市场的重要交易工具，是由金融管理当局实行存款准备金制度引起的。

货币头寸之所以被作为金融市场的交易工具，是由于金融管理当局实行存款准备制度引起的。该制度使银行的准备金头寸有一个适度的问题，必须对其进行管理，这就是银行的货币头寸管理。在存款准备制度下，一方面，法定存款准备金在事实上难以精确计算；另一方面，商业银行实际持有的存款准备金，因清算和日常收付的不断变化而经常变化。这些变化便导致实际准备与法定准备的不一致，从而形成"多准备头寸"或"少准备头寸"。多与少之间就有必要和可能进行交易，货币头寸因而成为货币市场的交易工具。

货币头寸的价格即拆借利率，一般由两种情况决定：一是由双方当事人议定；二是借助于货币经纪人，通过分开竞价确定。决定拆借利率最重要的因素是当时货币市场资金的供求状况。

拆借利率一般低于中央银行的再贴现率。拆借利率有时也可能低于市场利率，那是在货币头寸供给大于需求的时候出现的。拆借利率由于变动频繁，能迅速、及时、准确地反映货币市场资金供求状况，因此成为货币市场上最敏感的"晴雨表"。

货币失衡

货币失衡是同货币均衡相对应的概念，又称货币供求的非均衡，是指在货币流通过程中，货币供给偏离货币需求，从而使二者之间不相适应的货币流通状态。

货币失衡主要有两大类型：总量性货币失衡和结构性货币失衡。

总量性货币失衡是指货币供给在总量上偏离货币需求达到一定程度，从而使货币运行影响经济状态。这里也有两种情况：货币供应量相对于货币需求量偏小；货币供应量相对于货币需求量偏大。在现代信用货币制度下，前一种货币供给不足的情况很少出现，即使出现也容易恢复，经常出现的情况是后一种货币供给过多引起的货币失衡。造成货币供应量大于货币需求量的原因很多，例如政府向中央银行透支以融通财政赤字、一味追求经济增长速度而不适当地采取扩张性货币政策刺激经济等，其后果之一就是引发严重的通货膨胀。

结构性货币失衡是另一大类的货币失衡，主要发生在发展中国家，指的是在货币供给与需求总量大体一致的总量均衡条件下，货币供给结构与对应的货币需求结构不相适应。结构性货币失衡往往表现为短缺与滞留并存，经济运行中的部分商品、生产要素供过于求，另一部分又求过于供。其原因在于社会经济结构的不合理。因此，结构性货币失衡必须通过经济结构调整加以解决，而经济结构的刚性往往又使其成为一个长期的问题。

总量性货币失衡和结构性货币失衡并不是非此即彼的简单关系。在现实经济运行中，往往是两者相互交织、相互联系，从而形成"你中有我，我中有你"的局面，以至于难以分辨。由于结构性货币失衡根源于经济结构，所以，中央银行在宏观调控时会过多地注意总量性失衡。

货币回笼与扩张

广义地讲，货币回笼指的是国民经济各部门向银行存入现金的过程和结果。

中国国民经济各部门在其经济活动中所收入的现金，一般都按国家现金管理的规定，除保留必要的库存备用金外，都要存入其开户银行。对居民的个人收入，国家也鼓励储蓄。银行将各部门、各单位和城乡居民存入银行的现金按不同类别分项编列现金回笼计划。

现金回笼的渠道如下：（1）商品回笼，通过增加商品供应，扩大销售收入而回笼资金；（2）服务回笼，通过提供劳务和服务回笼资金；（3）财政回笼，通过财政税收，例如征收个人所得税，征收自行车牌照税等回笼现金；（4）信用回笼，通过银行收回贷款，例如，收回农贷、个体工商户贷款以回笼现金。在银行现金收入已定时，可以通过压缩现金支出，实现现金回笼，如减少行政管理费用支出，压缩集团购买力等。

积极组织现金回笼，可以收回流通中过多的货币量，保证市场现金流通量同消费品供应量相适应，有利于货币流通的稳定。另外，如果把活期存款也作为货币时，货币回笼则指流通中减少的现金和活期存款。

货币扩张是中央银行、商业银行和非银行（机构或个人）通过信贷关系共同作用，使得在银行体系内流通货币量扩大的金融行为。

对货币扩张的控制是中央银行的主要任务之一。不是所有的流通货币都需要有货币现金、实物资产或政府资产做后盾。一国的货币是以国家的经济潜力或政府的法定货币法令做后盾的，这种潜力也成为政府发行货币的理论上限。

公开市场操作

公开市场操作（公开市场业务），是中央银行吞吐基础货币，调节市场流动性的主要货币政策工具，通过中央银行与指定交易商进行有价证券和外汇交易，实现货币政策调控目标。

中国中央银行的公开市场操作包括人民币操作和外汇操

作两部分。

外汇公开市场操作于 1994 年 3 月启动，人民币公开市场操作于 1998 年 5 月 26 日恢复交易，规模逐步扩大。1999 年以来，公开市场操作已成为中国人民银行货币政策日常操作的重要工具，对于调控货币供应量、调节商业银行流动性水平、引导货币市场利率走势发挥了积极的作用。

中国人民银行从 1998 年开始建立公开市场业务一级交易商制度，选择了一批能够承担大额债券交易的商业银行作为公开市场业务的交易对象，目前公开市场业务一级交易商共包括 40 家商业银行。这些交易商可以运用国债、政策性金融债券等作为交易工具，与中国人民银行开展公开市场业务。从交易品种看，中国人民银行公开市场业务债券交易主要包括回购交易、现券交易和发行中央银行票据。

银行是什么

银行一词，源于意大利语 Banco，其原意是长凳、椅子，是最早的市场上货币兑换商的营业用具。英语转化为 Bank，意为存钱的柜子。在我国，之所以有"银行"之称，则与我国经济发展的历史相关。在我国历史上，白银一直是主要的货币材料之一。"银"往往代表的就是货币，而"行"则是对大商业机构的称谓。把办理与银钱有关的大金融机构称为银行，最早见于太平天国洪仁轩所著的《资政新篇》。

最早的银行业发源于西欧古代社会的货币兑换业，最初货币兑换商只是为商人兑换货币，后来发展到为商人保管货币，收付现金、办理结算和汇款，但不支付利息，而且收取保管费和手续费。随着工商业的发展，货币兑换商的业务进一步发展，他们手中聚集了大量资金。货币兑换商为了谋取更多的利润，利用手中聚集的货币发放贷款以取得利息时，货币兑换业就发展成为银行了。

公元前2000年的巴比伦寺庙、公元前500年的希腊寺庙，都已经有了经营保管金银、收付利息、发放贷款的机构。近代银行产生于中世纪的意大利，由于威尼斯特殊的地理位置，使它成为当时的贸易中心。1171年，威尼斯银行成立，这是世界上最早的银行，随后意大利的其他城市以及德国、荷兰的一些城市也先后成立了银行。

在我国，明朝中叶就形成了具有银行性质的钱庄，到清代又出现了票号。第一次使用银行名称的国内银行是"中国通商银行"，成立于1897年5月27日。最早的国家银行是1905年创办的"户部银行"，后称"大清银行"，1911年辛亥革命后，大清银行改组为"中国银行"，一直沿用至今。

央　行

中央银行（Central Bank），是一国最高的货币金融管理机构，在各国金融体系中居于主导地位。中央银行的职能是宏观调控、保障金融安全与稳定。

中央银行是"发币的银行"，对调节货币供应量、稳定币值有重要作用。中央银行是"银行的银行"，它集中保管银行的准备金，并对它们发放贷款，充当"最后贷款者"。

中央银行是"国家的银行"，它是国家货币政策的制定者和执行者，也是政府干预经济的工具。中央银行同时还为国家提供金融服务，代理国库，代理发行政府债券，为政府筹集资金。同时还代表政府参加国际金融组织和各种国际金融活动。

中央银行所从事的业务与其他金融机构所从事的业务的根本区别在于，中央银行所从事的业务不是为了盈利，而是为实现国家宏观经济目标而服务的，这是由中央银行所处的地位和性质决定的。中央银行的主要业务有：货币发行、集中存款准备金、贷款、再贴现、证券、黄金占款和外汇占款、为商业银行和其他金融机构办理资金的划拨清算和资金转移的业务等。

美 联 储

美国联邦储备系统负责履行美国的中央银行的职责，这个系统是根据《联邦储备法》于1913年成立的。这个系统主要由联邦储备委员会、联邦储备银行及联邦公开市场委员会等组成。其主要职责是：（1）制定并负责实施有关的货币政策；（2）对银行机构实行监管，并保护消费者合法的信贷权利；（3）维持金融系统的稳定；（4）向美国政府、公众、金融机构、外国机构等提供可靠的金融服务。

联邦储备系统的核心机构是联邦储备委员会（Federal Reserve Board，简称美联储，全称为 The Board of Governors of the Federal Reserve System，即联邦储备系统管理委员会，也可以称之为联邦储备系统理事会），它是一个联邦政府机构，其办公地点位于美国华盛顿特区。该委员会由7名成员组成（其中主席和副主席各1名，委员5名），须由美国总统提名，经美国国会上院之参议院批准方可上任，任期为14年，最多可历任5任总统（主席和副主席任期为4年，可连任）。

商 业 银 行

商业银行是英文 Commercial Bank 的意译，商业银行是以经营工商业存、放款为主要业务，并以获取利润为目的的货币经营企业。

商业银行与一般工商企业一样，是以营利为目的的企业。它也具有从事业务经营所需要的自有资本，依法经营，照章纳税，自负盈亏。它与其他企业一样，以利润为目标。但是，商业银行又是不同于一般工商企业的特殊企业，其特殊性具体表现于经营对象的差异。工商企业经营的是具有一定使用价值的商品，从事商品的生产和流通。而商业银行是以金融资产和金融负债为经营对象，经营的是特殊商品，即货币和货币资本。经营内容包括货币收付、借贷以及各种与货币运动有关的或者与之相联系的金融服务。从社会再生产过程看，商业银行的经营，是工商企业经营的条件。

商业银行与专业银行相比又有所不同。商业银行的业务更综合，功能更全面，经营一切金融"零售业务"（门市服务）和"批发业务"（大额信贷业务），为客户提供所有的金融服务。而专业银行只集中经营指定范围内的业务和提供专门服务。随着西方各国金融管制的放松，专业银行的业务经营范围也在不断扩大，但与商业银行相比，仍差距甚远，商业银行在业务经营上更具有优势。

银　　根

银根指的是金融市场上的货币供应情况。"银根"一词是中国金融业早期的习惯用语，中国曾以白银作为货币，习惯上称货币供应为"银根"。当市场上货币需求大于货币供给时，称为"银根紧"；当市场上资金供给大于需求时，称为"银根松"。现在人们习惯上仍将中央银行减少信贷或货币供应、实行紧缩性货币政策称为"紧缩银根政策"，将中央银行增加信贷或货币供应、实行扩张性货币政策称为"放松银根政策"。

准 备 金

各商业银行吸收存款后，用来贷款，通过存贷利差获得银行收益。但是，银行存款时刻面临着两种流向：一是贷款，一是储户来提款。所以，银行不能把存款全都贷出。为了保证金融安全和稳定，央行规定商业银行要把吸收的存款按一定比例存到央行留作备用和急用，这个比例就叫法定准备金率，存到央行的储蓄就是法定准备金，法定准备金也叫存款准备金。由于法定准备金存款也有一定的利率收入，所以，当商业银行拥有较多储蓄余额时可以多存在央行一部分，高于法定准备金额的部分叫作超额准备金。商业银行除了要存入央行做备用外，自己手中还要有一定的现金作为日常使用资金，就如我们平常口袋都要装点现金备用一样。央行存款和商业银行自备存款两者又统称准备金。

法定准备金及准备金率

法定准备金指的是商业银行吸收存款后，必须按照法定的比率保留规定数额的准备金，其余部分才能用于放款目的。法定准备金率是指以法律规定的商业银行对于存款所必须保持的准备金的比例。准备金率的高低因银行的类型、存款种类、存款期限和数额等的不同而有所区别，如城市银行的准备金率高于农村银行的准备金率、活期存款的准备金率高于定期存款的准备金率。法定准备金率有最高限和最低限，商业银行为了获取最大利润，一般都愿意尽可能按最低限准备金率留准备金。中央银行可以在法定的范围内改变商业银行活期存款的准备金率，以调节货币和信用供给。如果要突破法定准备金率的最高限或最低限，就必须请求立法机构授予这项权力。改变法定准备金率被认为是一项强有力的调节货币供给的手段，但这种手段由于影响太强烈而不常使用。

打比方说，如果存款准备金率为10%，就意味着金融机构每吸收1000亿元存款，要向央行缴存100亿元的存款准备金，用于发放贷款的资金为900亿元。倘若将存款准备金率提高到20%，那么金融机构的可贷资金将减少到800亿元。

超额准备金

超额准备金，指的是商业银行及存款性金融机构，在中央银行存款账户上的实际准备金超过法定准备金的部分。

首先，商业银行在其经营活动中，必须对其吸收的存款持有若干准备金，其数量首先受法定准备金率的限制。其次，商业银行等金融机构在追求利润的同时，还必须考虑其资产的流动性、风险性等因素，因而所持有的实际准备金一般会与法定准备金存在一定差额，由此而产生超额准备金。当实际准备金大于法定准备金时，则超额准备金为正数；反之，则超额准备金为负数。负数的超额准备金通常必须在下一计算期内补足。

超额准备金的内容：超额准备金一般包括借入准备金和非借入准备金。借入准备金是商业银行由于准备金不足，向拥有超额准备金的银行借入的货币资金。超额准备金中扣除借入准备金，即为非借入准备金，又称自有准备金。超额准备金的增加，往往意味银行潜在的放款能力增强，若这一部分货币资金不予运用，则意味着利息的损失。同时，银行为了预防意外的大额提现等现象发生，又不能使超额准备金为零，这就成为银行经营管理中的一大难题，也是一门艺术。

存款类型

活期存款，指不规定期限，是我们可以随时存取现金的一种储蓄，以1元为起存点，多存不限。

定期存款，指存款人同银行约定存款期限，到期支取本金和利息的储蓄形式，这种储蓄形式能够为银行提供稳定的信贷资金来源，其利率高于活期储蓄。但是，我们存款人不能随时将钱取出来，需等到约定日期到了之后取出来才有利息，如果在约定日期之前取出来则拿不到定期利息。

整存整取，指的是开户时约定存期，整笔存入，到期一次整笔支取本息的储蓄方法，这叫整存整取。人民币存期分为3个月、6个月、1年、2年、3年、5年6个档次，外币存期分为1个月、3个月、6个月、1年、2年5个档次。

零存整取的开户手续与活期储蓄相同，只是每个月我们要按开户时约定的金额进行续存。一般5元起存，每月存入一次，中途如有漏存，应在次月补齐。

存本取息指的是在存款开户时，约定存期，整笔一次性存入，然后按固定期限分次支取利息，到期一次支取本金的一种个人存款。一般是 5000 元起存，可一个月或几个月取息一次，可以在开户时约定的支取限额内，多次支取任意金额。

定活两便指在存款开户时，不必约定存期，银行根据客户存款的实际存期按规定计息，可随时支取的一种个人存款种类。50 元起存，存期不足 3 个月的，利息按支取日挂牌活期利率计算；存期 3 个月以上（含 3 个月），不满半年的，利息按支取日挂牌定期整存整取 3 个月存款利率打 6 折计算；存期半年以上（含半年）不满一年的，整个存期按支取日定期整存整取半年期存款利率打 6 折计息；存期一年以上（含一年），无论存期多长，整个存期一律按支取日定期整存整取一年期存款利率打 6 折计息。

利率变化

利率（Interest Rates），就其表现形式来说，是指一定时期内利息额同借贷资本总额的比率。利率是单位货币在单位时间内的利息水平，表明利息的多少。现在，很多国家都把利率作为宏观经济调控的重要工具之一。当经济过热、通货膨胀上升时，便提高利率、收紧信贷。当过热的经济和通货膨胀得到控制时，便把利率适当地调低。因此，利率是重要的基本经济因素之一。

利率是经济学中一个重要的金融变量，几乎所有的金融现象、金融资产均与利率有着或多或少的联系。当前，世界各国频繁地运用利率杠杆实施宏观调控，利率政策已成为各国中央银行调控货币供求，进而调控经济的主要手段，利率政策在中央银行货币政策中的地位越来越重要。合理的利率，对发挥社会信用和利率的经济杠杆作用有着重要的意义，而合理利率的计算方法是我们关心的问题。

利率的高低，决定着一定数量的借贷资本在一定时期内获得利息的多少。影响利率的因素，主要有资本的边际生产力和资本的供求关系，此外还有承诺交付货币的时间长度以及所承担风险的程度。利率政策是西方宏观货币政策的主要措施，政府为了干预经济，可通过变动利率的办法来间接调节通货。在萧条时期，降低利率，扩大货币供应，刺激经济发展；在膨胀时期，提高利率，减少货币供应，抑制经济的恶性发展。所以，利率对我们的生活有很大的影响。

利　息

利息是资金所有者由于向国家借出资金而取得的报酬，它来自生产者使用该笔资金发挥营运职能而形成的利润的一部分，是指货币资金在向实体经济部门注入并回流时，所带来的增值额，其计算公式是：利息＝本金×利率×时间。

在中国居民的实际收入水平不断提高、储蓄比率日益加大的条件下，出现了资产选择行为。金融工具的增多为居民的资产选择行为提供了客观基础，而利息收入则是居民资产选择行为的主要诱因。从中国目前的情况看，高储蓄率已成为中国经济的一大特征，这为经济高速增长提供了坚实的资金基础，而居民在利息收入的诱因下做出的种种资产选择行为，又为实现各项宏观调控做出了贡献。

复　利

爱因斯坦曾说过:"复利是世界第八大奇迹。"

所谓复利也称利上加利,是指一笔存款或者投资获得回报之后,再连本带利进行新一轮投资的方法。复利的计算是对本金及其产生的利息一并计算,其计算特点是:把上期末的本金和利息作为下一期的本金,在计算时每一期本金的数额都是不同的。

复利现值是指在计算复利的情况下,要达到未来某一特定的资金金额,现在必须投入的本金。复利终值是指本金在约定的期限内获得利息后,将利息加入本金再计利息,逐期滚算到约定期末的本金之和。

例如:本金为50000元,利率或者投资回报率为3%,投资年限为30年,那么,30年后所获得的利息收入,按复利计算公式来计算就是:$50000×(1+3\%)30$。

复利的可怕之处正在于其增长是难以计算的,听听下面的故事。相传国际象棋是一个古波斯的宰相所发明的。当时该国正在与邻国交战,当战争进入对峙阶段,谁也无法战胜谁时,两国决定通过下一盘国际象棋来决定胜负。最后,发明国际象棋的这个国家赢得了战争的胜利,国王因此非常高兴,决定给宰相以奖赏:"宰相,提出你所要的赏赐,本王一定要好好奖赏你。"宰相就指着自己发明的棋盘对国王说:"尊敬的陛下,我是个谦逊的人,只想要一点微不足道的奖赏,只要陛下能在第一个格子里放一粒麦子,第二个格子增加一倍,第三个再增加一倍,直到所有的格子填满就行了。"国王轻易地就答应了他的要求:"我的宰相,你的要求未免也太低了吧？总管，去按照宰相说的把麦子给我取出来。"这个故事没有后文，没有人确切地知道后来国王有没有兑现他的诺言，因为计算到最后，在第64个格子必须放下将近两万亿颗麦子。

美国联邦基金率

基准利率是金融市场上具有普遍参照作用的利率，其他利率水平或金融资产价格均可根据这一基准利率水平来确定。基准利率是利率市场化的重要前提之一，在利率市场化条件下，融资者衡量融资成本，投资者计算投资收益，客观上都要求有一个普遍公认的基准利率水平做参考。所以，基准利率是利率市场化机制形成的核心。

所谓联邦基金率是指美国同业拆借市场的利率，其中最主要的是隔夜拆借利率，这种利率的变动能够敏感地反映银行之间资金的余缺。美联储瞄准并调节同业拆借利率，就能直接影响商业银行的资金成本，并且将同业拆借市场上的资金余缺传递给工商企业，进而影响消费、投资和国民经济。尽管对联邦基金率和再贴现率的调节都是由美联储宣布的，但是，其方式有行政规定和市场作用之分，其调控效果也有高低快捷的很大差别，这也许也正是联邦基金率逐渐取代再贴现率，发挥调节作用的一个重要原因所在。

其作用机制应该是这样的，美联储降低其拆借利率，商业银行之间的拆借就会转向商业银行与美联储之间，因为向美联储拆借的成本低，整个市场的拆借利率都将随之下降。如果美联储提高拆借利率，在市场资金比较短缺的情况下，整个市场的拆借利率必然随着美联储的拆借利率一起上升。

在市场资金比较宽松的情况下，美联储提高拆借利率，向美联储拆借的商业银行就会转向其他商业银行，听任美联储的拆借利率孤零零地"高处不胜寒"。但是，美联储可以在公开市场上抛出国债，吸纳商业银行过剩的超额准备金，造成同业拆借市场的资金紧张，迫使联邦基金率与美联储的拆借利率同步上升。因为，美联储有这样干预市场利率的能力，其反复多次的操作，就会形成合理的市场预期。只要美联储提高自己的拆借利率，整个市场就会闻风而动，进而美联储能够直接宣布联邦基金率的变动，至于美联储是否要辅之以其他操作手段也就变得不那么重要了。

贷　款

贷款是银行或其他金融机构按一定的利率和必须归还等条件出借货币资金的一种信用活动形式。广义的贷款指贷款、贴现、透支等出贷资金的总称。银行通过贷款的方式将所集中的货币和货币资金投放出去，可以满足社会扩大再生产对补充资金的需要，促进经济的发展。同时，银行也可以由此取得贷款利息收入，增加银行自身的积累。

贷款按期限长短划分，有短期贷款、中期贷款和长期贷款。短期贷款，是指贷款期限在1年以内（含1年）的贷款。中期贷款，是指贷款期限在1年以上（不含1年）、5年以下（含5年）的贷款。长期贷款，是指贷款期限在5年（不含5年）以上的贷款。

贷款按有无担保划分，分为信用贷款和担保贷款。信用贷款，是依据借款人的信用状况好坏向借款人发放的贷款，没有找"保人"，也没有别的担保。担保贷款，是指由借款人或第三方依法提供担保而发放的贷款。担保贷款包括保证贷款、抵押贷款、质押贷款。保证贷款、抵押贷款或质押贷款，是指按《中华人民共和国担保法》规定的保证方式、抵押方式或质押方式发放的贷款。如个人住房贷款和汽车消费贷款，都是以住房或汽车作抵押发放的担保贷款。

对农村信用社来说，按贷款的使用对象、用途来划分，主要有农村工商贷款、消费贷款、助学贷款、不动产贷款、农户贷款、农业经济组织贷款及其他贷款等。

贴　　现

贴现是指银行承兑汇票的持票人在汇票到期前，为了取得资金，贴付一定利息将票据权利转让给银行的票据行为，是银行向持票人融通资金的一种方式。办理贴现业务时，银行向客户收取一定的利息，称为贴现利息或折扣。具体程序是银行根据票面金额及既定贴现率，计算出从贴现日起到票据到期日止这段时间的贴现利息，并从票面金额中扣除，余额部分支付给客户。票据到期时，银行持票据向票据载明的支付人索取票面金额的款项。

再　贴　现

再贴现是商业银行以未到期的合格票据再向中央银行贴现。对中央银行而言，再贴现是买进票据，让渡资金；对商业银行而言，再贴现是卖出票据，获得资金。再贴现是中央银行的一项主要的货币政策工具。中央银行可以通过提高或降低再贴现率来影响金融机构向中央银行借款的成本,从而影响货币供应量和其他经济变量。

资产负债表

资产负债表(The Balance Sheet),也称为财务状况表,表示企业在一定日期(通常为各会计期末)的财务状况,即资产、负债和业主权益的状况的主要会计报表。资产负债表利用会计平衡原则,将合乎会计原则的资产、负债、股东权益等交易科目分为"资产"和"负债及股东权益"两大区块,在经过分录、转账、分类账、试算、调整等会计程序后,以特定日期的静态企业情况为基准,浓缩成一张报表。

一般是按各种资产变化先后顺序逐一列在表的左方,反映单位所有的各项财产、物资、债权和权利;所有的负债和业主权益则逐一列在表的右方:负债一般列于右上方,分别反映各种长期和短期负债的项目,业主权益列在右下方,反映业主的资本和盈余。左右两方的数额相等。

资产负债表必须定期对外公布和报送外部与企业有经济利害关系的各个集团,包括股票持有者,长、短期债权人,政府有关机构。当资产负债表列有上期期末数时,称为"比较资产负债表",它通过前后期资产负债的比较,可以反映企业财务变动状况。根据股权有密切联系的几个独立企业的资产负债表汇总编制的资产负债表,称为"合并资产负债表"。它可以综合反映本企业以及与其股权上有联系的企业的全部财务状况。

金　融　中　介

金融中介是指在金融市场上的资金融通过程中，在资金供求者之间起媒介或桥梁作用的人或机构。约翰·G.格利和爱德华·S.肖把金融中介机构分为两大类：货币系统和非货币的中介机构。货币系统作为中介机制，购买初级证券和创造货币；非货币的中介机构只履行购买初级证券和创造对自身的货币债权的中介作用，这种债权采取储蓄存款、股份、普通股票和其他债券形式。

金融中介一般由银行金融中介及非银行金融中介构成，具体包括商业银行、证券公司、保险公司以及信息咨询服务机构等中介机构。

金融是现代经济的核心。在现代市场经济中，金融活动与经济运行关系密切，金融活动的范围、质量直接影响到经济活动的绩效，几乎所有金融活动都是以金融中介机构为中心展开的，因此，金融中介在经济活动中占据着十分重要的位置。随着经济金融化程度的不断加深和经济全球化的迅速推进，金融中介本身成为一个十分复杂的体系，并且这个体系的运作状况对于经济和社会的健康发展具有极为重要的作用。

经　济　周　期

经济周期（Business Cycle），也称商业周期、景气循环，是指经济运行中周期性出现的经济扩张与经济紧缩交替更迭、循环往复的一种现象，是国民总产出、总收入和总就业的波动，是国民收入或总体经济活动扩张与紧缩的交替或周期性波动变化。过去把它分为繁荣、衰退、萧条和复苏四个阶段，现在一般分为衰退、谷底、扩张和顶峰四个阶段。

在市场经济条件下，企业家们越来越多地关心经济形势，也就是"经济大气候"的变化。一个企业生产经营状况的好坏，既受其内部条件的影响，又受其外部宏观经济环境和市场环境的影响。一个企业，无力决定它的外部环境，但可以通过内部条件的改善，来积极适应外部环境的变化，充分利用外部环境，并在一定范围内，改变自己的小环境，以增强自身活力，扩大市场占有率。因此，作为企业家，对经济周期波动必须了解、把握，并能制订相应的对策来适应周期的波动，否则将在波动中丧失生机。

经济危机与经济泡沫

经济危机（Economic Crisis）指的是一个或多个国民经济或整个世界经济在一段比较长的时间内不断收缩（经济增长率为负），是资本主义经济发展过程中周期爆发的生产过剩危机，也是经济周期中的决定性阶段。

第一次经济危机爆发于1825年的英国，自此以后，资本主义经济从未摆脱过经济危机的冲击。经济危机是资本主义体制的必然结果。由于资本主义的特性，其爆发也存在一定的规律。

有的学者把经济危机分为被动型危机与主动型危机两种类型。所谓被动型经济危机是指该国宏观经济管理当局在没有准备的情况下，出现经济的严重衰退或大幅度的货币贬值，从而引发金融危机进而演化为经济危机的情况。如果危机的性质是属于被动型的，很难认为这种货币在危机之后还会回升，危机过程实际上是对该国货币价值重新寻求和确认的过程。主动型危机是指宏观经济管理当局为了达到某种目的而采取的政策行为的结果。危机的产生完全在管理当局的预料之中，危机或经济衰退可以视作改革的机会成本。

经济泡沫指的是价格对价值的背离。一种产品的价格在市场上随着供求变化而经常波动，但是这种波动总是围绕着产品的价值进行，一般不会发生太多背离。生产产品时花费的成本，时而高于其价值，时而低于其价值，从长期看，价格与价值相符。这时的经济泡沫是合理的经济泡沫。如果价格（主要是资产的价格）不适当地高于其价值，引起众多人的追捧，使价格进一步升高，出现一派"繁荣景象"，就要警惕泡沫经济的发生。一旦经济泡沫超出合理的水平，严重背离其经济基础，不以经济发展为基础的价格上涨就会演变为泡沫经济，加大经济风险，有害于个人，也有害于国家。

金融危机与金融泡沫

金融危机又称为金融风暴，是指一个国家或几个国家与地区的全部或大部分金融指标如短期利率、货币资产、证券、房地产、土地（价格）、商业破产数和金融机构倒闭数等的急剧、短暂和超周期的恶化。

金融危机时代所具有的特征是人们基于未来经济将更加悲观的预期，整个区域内货币币值出现幅度较大的贬值，经济总量与经济规模出现较大的损失，经济增长受到打击，往往伴随着企业大量倒闭，失业率提高，社会经济普遍萧条，甚至有些时候伴随着社会动荡或国家政治层面的动荡。

金融危机可以分为货币危机、债务危机、银行危机等类型。近年来的金融危机越来越呈现出某种混合形式的危机。

金融泡沫是金融资产的价格过度膨胀，超出实体经济所支持的资产基本价格的现象。金融资产价格受到市场供求、投机心理等因素的共同影响，当金融资产价格出现迅速上涨的预期时，便会吸引大量投机者介入，以致资产价格脱离实际赢利水平而连连上涨，形成价格泡沫。一旦价格上涨预期逆转，便会发生价格暴跌、泡沫破裂，引发金融危机并导致经济衰退。

当银行等金融机构信贷过度扩张、金融监管不当、金融资产质量低下、国际游资大量游动等现象发生时，就容易诱发金融泡沫。

历史上著名的金融泡沫事件就有1636年荷兰的"郁金香泡沫"，1719—1720年巴黎的"密西西比泡沫"、伦敦的"南海泡沫"等，以及20世纪90年代以来的日本金融泡沫和东南亚金融泡沫等。

亚洲金融危机

亚洲金融危机又叫作亚洲金融风暴。1997年的亚洲金融风暴是继1994年年底墨西哥金融危机以来爆发的又一次世界性金融风暴。1997年，以索罗斯的"量子基金"为首的国际炒家，通过各种渠道对亚洲各国的股市、汇市进行疯狂投机。以泰国为首的一些亚洲经济新兴国家，为了避免国际游资冲击，主动下调本国货币对美元汇率，因而造成了一系列连锁反应。

1997年7月2日，泰国首先宣布放弃固定汇率制，实行浮动汇率制，引发一场遍及东南亚的金融危机。这场金融危机造成泰国、印尼、韩国等国的货币大幅贬值，同时造成亚洲大部分主要股市大幅下跌；冲击亚洲各国外贸企业，造成亚洲许多大型企业倒闭，工人失业，社会经济萧条。泰国、印尼和韩国是受此金融风暴波及最严重的国家。新加坡、马来西亚、菲律宾和中国香港地区也被波及，中国大陆和中国台湾地区则几乎不受影响。

房地产泡沫

所谓经济泡沫是指一种资产在一个连续的交易过程中陡然涨价，价格严重背离价值，在这时的经济中充满了并不能反映物质财富的货币泡沫。资产价格在上涨到难以承受的程度时，必然会发生暴跌，仿佛气泡破灭，经济开始由繁荣转向衰退，称为"泡沫经济"。泡沫经济的两大特征是：商品供求严重失衡，需求量远远大于供给量；投机交易氛围非常浓厚。

房地产泡沫就是经济泡沫的一种，是以房地产为载体的泡沫经济，是指由于房地产投机引起房地产价格与价值严重背离、市场价格脱离了实际使用者支撑的情况。最早可考证的房地产泡沫是发生于1923—1926年的美国佛罗里达房地产泡沫，这次房地产投机狂潮曾引发了华尔街股市大崩溃，并导致了以美国为首的20世纪30年代的全球经济大危机，最终导致了第二次世界大战的爆发。从20世纪70年代开始积累，到20世纪90年代初期皱裂的日本地价泡沫，是历史上影响时间最长的房地产泡沫，从1991年地价泡沫破灭到现在，日本经济始终没有走出萧条的阴影，甚至被比喻为第二次世界大战后日本的又一次"战败"。

次贷危机

次贷即"次级按揭贷款"（Subprime Mortgage Loan），"次"的意思是与"高"、"优"相对应的，形容较差的一方，在"次贷危机"一词中，指的是信用低、还债能力低。美国次贷危机（Subprime Crisis），又称次级房贷危机，也译为次债危机，它是指一场发生在美国，因次级抵押贷款机构破产、投资基金被迫关闭、股市剧烈震荡引起的金融风暴，它致使全球主要金融市场出现流动性不足危机。美国"次贷危机"是从2006年春季开始逐步显现的，2007年8月开始席卷美国、欧盟和日本等世界主要金融市场，逐渐演变成一场全球性的金融危机。

次级抵押贷款是一个高风险、高收益的行为，指一些贷款机构向信用程度较差和收入不高的借款人提供贷款。与传统意义上的标准抵押贷款的区别在于，次级抵押贷款对贷款者信用记录和还款能力要求不高，贷款利率相应地比一般抵押贷款高很多。那些因信用记录不好或偿还能力较弱而被银行拒绝提供优质抵押贷款的人，会申请次级抵押贷款购买住房。

在房价不断走高时，次级抵押贷款生意兴隆，即使贷款人现金流并不足以偿还贷款，他们也可以通过房产增值获得再贷款来填补缺口，但当房价持平或下跌时，就会出现资金缺口而形成坏账。

引起美国次级抵押贷款市场风暴的直接原因是美国的利率上升和住房市场持续降温。利息上升，导致还款压力增大，很多本来信用不好的用户感觉还款压力大，出现违约，对银行贷款的收回造成影响，进一步对全世界很多国家包括中国也造成了严重影响。

第三章
生活中的消费经济学原理

　　生活中的商品琳琅满目，让人看了眼花缭乱，那么你学会了怎么消费了吗？花钱的奥妙又有哪些呢？如果你想知道，就了解下市场的供需关系、商品价格等诸多问题吧。

需求与供给

需求指的是在一定的时期，在一个既定的价格水平下，消费者愿意并且能够购买的商品数量。需求显示了随着价格升降而其他因素不变的情况下，某个体在每段时间内所愿意购买的某货物的数量。在某一价格下，消费者愿意购买的某一货物的总数量称为需求量。在不同价格下，需求量会有所不同。

需求与我们的购买欲望和购买力紧密相关。欲望是人类某种需要的具体体现，比如你饿了，你的需要是填饱肚子，那你的具体体现就是你要吃饭。

供给指的是生产者在某一特定时期内，在每一价格水平上愿意并且能够提供的一定数量的商品或劳务，指能够提供给市场的商品总量，包括已经处在市场上的商品的流量和生产者能够提供给市场的商品的存量。

供给的范围和水平取决于社会生产力的发展水平，一切影响社会生产总量的因素也都影响供给量。但是，市场供给量不等于生产量，因为生产量中有一部分用于生产者自己消费，作为贮备或出口，而供给量中的一部分可以是进口商品或动用贮备商品。

价　　格

生活中的各种物品几乎都有价格，价格是什么呢？

不管在超市还是农贸市场，同样是鸡蛋，红壳鸡蛋总是要比白壳鸡蛋的价钱贵一些。科学家发现，两种鸡蛋除了颜色的差异，其营养成分是一样的。而为什么红壳鸡蛋的价格要比白壳鸡蛋贵？鸡蛋的颜色与产蛋的鸡的种类有关，饲养产红壳蛋的鸡比饲养产白壳蛋的鸡成本要高，因而红壳蛋的成本也就高。此外，市场上一部分消费者偏爱红壳蛋，也是红壳蛋价格被抬升的原因之一。价格取决于供求关系，某种商品价格的产生，一方面要考虑供方付出的成本及其产量，另一方面也要看消费者对其需求的程度。

需 求 弹 性

"需求弹性"是经济学中一个非常重要的概念，最早是由英国著名的经济学家阿尔弗雷德·马歇尔提出的，他可以说是现代微观经济学的奠基人，是剑桥学派和新古典学派的创始人。按照马歇尔的解释，当价格下跌或上升时，商品需求数量会相应地增加或减少，需求变化程度比价格变动小，就是需求弹性小，反之则需求弹性大。如两者相等，则需求弹性均匀。换句话说，所谓需求弹性，就是指需求与价格之间相互依赖的程度大小，需求弹性的大小取决于价格变化时需求量随之变化的程度。

关于弹性，马歇尔还讲到一个有趣的现象：一辆汽车中第四个轮胎要比前三个的效用大得多，因为只有三个轮子的汽车是开不了的，第四个轮胎便显得至关重要。

当然，供给与需求的关系还可以延伸到生活中有意思的话题，比如，禁毒是增加了还是减少了与毒品相关的犯罪？在一般人看来，禁毒会减少毒品的供给，进一步会降低毒品的需求，自然会减少与毒品相关的犯罪。然而经济学家却给出了不同的回答，首先，吸毒的人很难克制自身的毒瘾，因此他们对毒品的需求是缺乏弹性的，毒品买卖则是与国家禁毒力度密切相关，因此供给弹性较大。在需求不变的情况下减少供给，只会不断提高商品的价格，因而毒品会越来越贵，在高额利润的驱使下，还是会有人铤而走险。因此单纯禁止毒品无法真正起到禁毒的作用，真正有效的方法是降低需求，也就是进行反毒品教育和戒毒。

消费心理

消费心理是消费者在购买物品时的思维和感觉，有意思的是，男性和女性、老人和儿童的消费心理大不相同。

少年儿童消费心理：购买目标明确，购买迅速；选购商品具有较强的好奇心。

青年人消费心理：追求时尚和新颖；表现自我和体现个性；容易冲动，注重情感。

中年人消费心理：购买的理智性胜于冲动性，计划性多于盲目性；购买求实用，节俭心理较强；有主见，不受外界影响，注重商品的便利。

老年人消费心理：富于理智，很少感情冲动；精打细算；坚持己见，不受外界影响；方便易行；品牌忠诚度较高。

男性消费心理：动机形成迅速、果断，具有较强的自信；购买动机具有被动性；购买动机感情色彩比较淡薄。

女性消费心理：追求时髦、美观；感情强烈，喜欢从众；喜欢炫耀，自尊心强。

多购现象

一天，王大妈家里来了客人，她去菜市场买鸡，问了好几家都是20元钱一只，这样的价格，她也能接受，于是便买了一只。正准备回家，旁边一个卖鸡的却喊道："卖鸡了，便宜卖了，16元钱一只。"听到这话，王大妈走不动了，她上前掂了掂鸡的重量，和自己刚刚买的差不多，心想分量差不多，还便宜4元钱呢。于是，王大妈又买了一只鸡，高高兴兴地回家了。

王大妈为什么会多买一只鸡，而且还高高兴兴的呢？其实原因很简单，她觉得自己从中得到了实惠，经济学名词就叫作"消费者剩余"。

消费者剩余就是指消费者愿意为某种商品支付的价格与他实际支付的价格的差额，当实际支付的价格低于消费者乐意支付的价格的时候，就会产生消费者剩余，从而增加消费者的心理满足程度，使之乐于消费。消费者剩余可以反映出消费者心理上的满足程度，也可以解释消费者的多购心理。

口红效应

"口红效应"是一种有趣的经济现象，是美国20世纪30年代经济大萧条时期被开发出来的一个经济专业用语。

在一个经济不景气的时代，人们依然有着强烈的消费愿望，口红作为一种相对较为廉价的非生活必需品，可以对消费者起到一种"安慰"的心理作用。2008年的世界性经济金融危机，果然给"口红"带来了市场。据美国媒体称，口红、面膜的销量开始上升，而做头发、做按摩等"放松消费"也很有人气，"口红效应"经历了时间的考验而成为生活中的定理。

在各国经济不同程度地出现衰退之后，我国也有"口红效应"的出现，那就是文化产业的突然兴起和繁荣。中国电影市场突然火爆，不管是高成本、大制作，还是小成本、引进片，几乎每一部的成绩都相当好。全国电影市场的火爆使中国首次挤进了全球票房前十名。除了电影娱乐业，其他很多产业也都存在着"口红效应"。经济低迷时，人们不再进行房、车、高级化妆品等奢侈品的消费，而更愿意添置些生活用品、小家电、衣服等，自然会带动轻工业和纺织业的复苏和发展。"口红效应"作为经济低迷时出现的一种独特的现象，预示着人们对美好生活不灭的一种渴望和信心。

2元市场

有时候上街，我们常常发现市场上有很多2元钱便利店，里面的商品统统只卖2元钱。而这些只卖2元钱的小商品，在其他商店可能会卖到5元甚至更高。难道这些商店都是亏本做生意吗？2元店能不能赢利，究竟靠什么赢利呢？

首先，进货渠道特殊。2元店在进货的渠道上有它独到的一面，通常是大量进货而不退货，这样就降低了物流成本，而且还能将一些行将破产的企业的积压商品购进，因而其价格低得让人难以相信。

其次，销售环节简单。2元店通常不需要宣传，店名自身就具有强烈的吸引力，而且店内商品也不必贴标签，因为都是统一价，这就节省了许多菜单成本。

总之，2元店从各个环节上都力求降低成本，这才保证了在低价中依然可以获利。经济市场常常这样提示我们：通过有效的手段大大地削减各项成本中的支出，同样可以以最低廉的价格赢得一部分市场。

高跟鞋的秘密

年轻人可能会发现，妈妈一边抱怨高跟鞋穿着很不舒服，但她每天都穿，这是为什么呢？其实，穿高跟鞋并不舒服，但它依然是大多数女性心爱的选择。她们之所以选择穿高跟鞋，是因为穿高跟鞋可以显得形态美，至少可以在身高上凭空多出几厘米的优势。

由于穿高跟鞋增高是一个公开的秘密，而且高跟鞋人人都买得起，所以它就成了女性的必备品。实际上大家都在穿高跟鞋，个体的优势并没有特别显现。那为什么大家都在忍受穿高跟鞋的不舒服而不放弃它呢？

事实上，如果只要还有一个人在坚持穿高跟鞋，这种局面就永远不会改变。因为如果大家都放弃了穿高跟鞋，但那一个人还在穿，那么她就可以获得优势，这样彼此之间的平衡也就打破了。

高跟鞋奇妙地折射出生活中人们渴望平衡的心理，从经济角度上可以这样理解：对优势的占有，会刺激个体的行为，而当这种优势被绝大多数人分享的时候，就会处于一种平衡的状态，并且不会被打破。

去大超市购物

作为大型的连锁超市,沃尔玛、家乐福等大超市以其低廉的价格和优质的服务深得人心,妈妈们都很喜欢到那里去买东西,它们每天都会推出打折的商品,这种打折并不是作为噱头的幌子,而是实打实的真打折。那沃尔玛等大超市为什么可以长期打折而不亏损呢?

俗话说,"商家皆谋三分利",没有人会做赔本的买卖,沃尔玛打折是事实,商品便宜也是事实。一方面,沃尔玛商品众多,只是部分商品进行打折,而且是不同的商品轮流打折。因此,总的算来,并没有造成太大的损失,而且这种打折的策略只会吸引更多的顾客。另一方面,消费者并非只是冲着打折商品来的,购物环境、服务环境等也是考虑因素。所以整体上,商品的销售利润还是相当可观的。还有,沃尔玛、家乐福等大超市都是全球著名的零售卖场,自然在进货渠道等方面有别人不可比的优势,这也是它们能经得起妈妈们的考验的原因。

商品打折

是不是所有的产品都适合用打折来促销呢?当然不是的,越是奢侈品,替代品越多,在家庭支出所占比例大的物品,需求弹性越大。相反,像大米、油、盐这样的生活必需品,替代产品少,在家庭支出所占比例小,就缺乏需求弹性。

当然,使用打折券看似免费,但事实上也要花费不少时间和精力。仔细看看，几乎每张优惠券都有复杂的使用说明，分别限定了时间、地点、次数和使用要求等，并且大多数的优惠券不能一次性购买大批量商品。人们必须在时间和货币之间进行选择，富人认为时间更有价值而不愿费力索取优惠券，而钱少的人使用打折券实际上是用时间换取了财富。

打折券只是商家的手段之一，目的就是为了让更多的穷人消费，相对而言就伤害了富人的利益，为此富人就必须得到补偿，补偿的结果就是让穷人们得到相对较差的产品，这一招虽不高明，但在商业社会中却屡试不爽。

在超市中，经常能看到所谓的超值系列产品，无论是酸奶还是面包，其外观设计都非常粗糙。厂家印刷更吸引人的包装本不是什么难事，并且似乎也不需要多花多少钱，但之所以这样设计，部分原因就是为了让愿意多付钱的客户望而却步，阻止他们去买便宜的产品。

超市标价尾数

走进超市，会发现有很多商品的标价是以9结尾的，如一件T恤标价49元、一款手机标价1999元、一台电视机售价29999元，这些都是接近于50元、2000元、30000元，但让人觉得不过是40多元、1000多元和20000多元的感觉。

可见，商品标价也是一门学问，而很多商家已经掌握了这门学问，例如，我们经常可以看到，如果这些商品标价51元、2100元和31000元的时候，虽然价格只是上调了一些，却会令人觉得是50多元、2000多元和30000多元，对比之下，消费者在心理上会有一定的波动，从而不愿购买。这就是商品标价的奥秘，也是商品价格中尾数"9"多于"0"的原因。

另外，在日常生活中，人们会对一些数字感到敏感，例如人们比较偏爱"9"，有"长长久久"的象征，使"9"在人们心目中倍觉亲切。所以，商家正是抓住顾客的这种心理，使价格控制在一定的心理门槛之内，凭这样的标价吸引顾客，满足顾客的需求，并从中获得利益。

精致珠宝包装盒

我们很小的时候就听过"买椟还珠"的故事，讲的是一个人在买珠宝时，看中了包装珠宝的精美的盒子，却不"识货"地将珠宝还给了老板。这当然是一个有趣的寓言故事，但从某种意义上来说也体现了包装艺术的独特魅力。

现代人购物其实也有这样的心态，对于包装精美的物品想当然地认为这种商品的质量一定会比包装粗糙的商品好。精明的商家正是利用了人们这种买椟还珠的购买心理，一边抓质量，一边在包装上狠下功夫。在这种情况下，包装不再是简简单单包裹商品的作用了，它在商品经济中已经是一种具有艺术感染力、成为征服广大消费者的"心理催化剂"。

消费的陷阱

出生于上海的旅美经济学家奚恺元曾经做过一个著名的冰激凌实验：有两杯哈根达斯冰激凌，一杯 A 有 7 盎司，装在 5 盎司的杯子里，看上去快要溢出来；另一杯冰激凌 B 是 8 盎司，装在 10 盎司的杯子里，看上去还没装满，你愿意为哪一杯付更多的钱呢？

如果人们喜欢冰激凌，那么8盎司明显要多于7盎司；如果人们喜欢杯子，那么10盎司的也要比7盎司的大。可是实验结果表明，人们反而会为少量的冰激凌付更多的钱。这也契合了卡尼曼等心理学家所描述的：人的理性是有限的，人们在做决策时，并不是考虑一个物品的真实价值，而是用某种比较评价的线索来判断。

在冰激凌实验中，人们评价的标准往往不是真实的重量，而是根据冰激凌满不满的程度。实际生活中的例子更是比比皆是，麦当劳的蛋桶冰激凌，肯德基的薯条，商家总是利用人们的心理制造出"看上去很美"的视觉效果。

同样人们对完整性也是有心理偏好的，家具店正在清仓甩卖，你看到一套餐具，8个菜碟，8个汤碗，8个点心碟，共24件，完好无损；另外一套共有40件餐具，其中24件和前一套完全一样并且完好无损，但另外8个杯子和8个茶托分别有1个杯子和7个茶托已经破损了，你愿意分别为这两套餐具支付多少钱呢？

实验的结果似乎很令人吃惊：第一套33美元，而第二套仅有24美元，虽然第二套餐具比第一套多出了7个好杯子和1个茶托，但人们愿意支付的钱却明显少了。人们很容易发现两套产品哪个是完好无缺的，而对24美元和33美元的差别却放在了第二位。

世上没有免费午餐

我们常常会看到有免费的午餐供应，难道真有免费的午餐吗？在酒吧里，我们即使喝白水也是需要付费的，而且价格还很高，但酒吧却会免费赠送花生米。花生米的生产成本远比白水高得多，难道这就是所谓的免费的午餐？商家为什么要这样做？

其实这不难理解，酒吧是卖酒的，而顾客喝白水会影响酒的销售，因此提高水的价格会打消顾客喝水的积极性，从而多点一些酒。赠送花生米则另有用意，花生米和酒是互补的。顾客们喝酒时往往不会拒绝免费的花生米，花生米吃得越多，无形中点的酒也就多。用廉价的花生米来提醒顾客对酒的需求，这十分划算。这就是酒吧赠送花生米的奥秘。

所以说天下没有免费的午餐，事情的发生总有目的，关键在于你有没有发现。无论怎样，商家的免费供应其实是以获得更大的利益为前提的。

天上不会掉下个林妹妹

你知道商家打折的秘密吗？真的有那么美的事吗？

一个理性消费人群的消费者却往往会在商品打折时变得不那么理性。在平时购物时，一般消费者并不太会注意自己不需要的商品价格，商家往往根据这种消费习惯，对一件商品提高价格后再附赠品。比如一瓶洗面奶本来应该20元，现在买一瓶洗面奶赠送一小瓶价值5元的10毫升的爽肤水，但超市其实已经悄悄将洗面奶的价格调到25元，买洗面奶的顾客白得一小瓶爽肤水，肯定就会觉得很划算，其实不然。超市一般会对一些容易过期的商品进行打折促销活动，而其中的秘密就是一个新鲜的商品搭配一个快要过期的商品。再比如，一个厂家同时生产两种包装的同类型的商品，当想卖掉其中一个产品的时候就把另一个包装的同类产品价格拉得很高，从而刺激消费者选择那个商家想卖的商品。还有，一袋零售价 3.3 元的薯片，三连包销售时标明特价 10 元，不经常购物，不熟悉商品价格的顾客往往一见特价就购买，难免上当。

超市正是利用人们认为特价商品就是价格便宜的商品这种认识上的误区，将一些正常价格的东西甚至是高价的东西，标成特价出售。不要被这些华丽而好看的诱饵吸引，要看清商家的这些把戏。

牛奶消费观察

随着人们生活水平的提高，中国人对牛奶所带来的健康、营养的重视程度也明显提高，但仍然有两大因素导致中国消费者牛奶消费明显低于国际水平。

一是绝大部分消费者健康饮奶知识相对匮乏。由于缺乏专业的营养建议和指导，一方面，有一些消费者在饮用牛奶的过程中没有达到最佳的营养效果；另一方面，很多消费者因为缺少对健康饮奶的深入认识，非常容易被市场观点所左右，轻易做出放弃饮奶的选择，这不利于国民体质的提高。

例如，很多消费者不了解酸酸乳等乳饮与酸奶的区别，或误以为牛奶的口感是越香浓越好。又如，由于自身体质原因，很多人在饮奶后有不适反应，但很少有人知道这是由于"乳糖不耐受"造成的。中国人饮奶后不消化一直是困扰中国乳业发展的难题。

二是某些地区的消费者还没有形成饮用牛奶的习惯。调查结果显示。一方面，有些消费者是由于饮食习惯的影响，乳制品消费低于全国平均水平，例如北部城市与中东部城市乳制品的食用率均低于全国平均线，而华南、西南城市乳制品食用率相对较高。另一方面，还有一些消费者，由于消费能力的限制，乳制品对于他们来说仍是奢侈品，如大城市消费者将牛奶作为健康饮品，中小城市消费者将其作为营养品。

方牛奶和圆可乐

生活中一些让我们习以为常的现象，因为已经深入人心，往往不会引起人们的思考，比如我们经常喝的牛奶和可乐。牛奶总是装在方纸盒中，而可乐通常都是用圆形铁罐包装起来的，好像这是天经地义的，从来也没有人问过为什么。

其实，最初的牛奶也是装在圆形的玻璃瓶中的，虽然看上去很精致，但致命的缺点是保鲜难，一般只能保存一两天，最多也就是一星期，直到一种新的包装技术——利乐包装的产生，这个问题才得以解决。这种包装为砖形或枕形，由于是纸质的，所以包装适合装牛奶，却不适合装可乐，因为可乐会膨胀变形。

此外，方牛奶和圆可乐这两种包装也符合经营常理，牛奶和可乐都是超市的常客，可乐是放在货架上的开放性食物，所以无所谓外形，而牛奶则在冷藏柜中摆放，而方形的外形正好可以节约货架空间，提高了方形容器装牛奶的收益。

"方牛奶和圆可乐"给人的经济启示就是：产品的设计功能不但要符合成本效益的原则，同时要考虑实用性和方便性。

童话般的定价系统

事实上，商人是聪明的，因为他们懂得富人和穷人的消费者剩余是不同的，他们希望所有的价格都是为每位顾客量身定做的，以保证"对于能够承受高价位的消费者收取最高的价格，而对只能承受低价位的消费者实行最适合售价"。

正如麦当劳为什么总是会有学生优惠卡等优惠活动，因为学生作为不会赚钱的群体，消费能力相对较低。

电信运营商们也想出了一个好办法，他们提供了各种定价方案，可以让每个消费者根据自己的消费者剩余选取合适的优惠套餐。你选择的价位越高，表面上你得到的优惠越多，其实商家所获得的生产者剩余也越多。

还有比电信运营商们更聪明的做法：电力企业的管理者更加具有想象力，他们企图建立一个根据需求的变化而随时变化的定价系统，有效地用电价对消费者用电的积极性进行激励，在电力充足的时候鼓励人们用电，而在高峰期降低人们的消费。

1999年，位于美国的佐治亚电力公司真的实现了这个童话般的定价系统。他们为每个用户安装一种特殊的电表，并给用户分配了基准用电量，采用实时计价的方法，使得每时每刻电价都不同。实时的电价取决于电力生产企业的信号，当电力的需求迫近装机容量时，企业就会提高电价来刺激用户减少用电，并且在电力供应不足的时候对超出基准部分收取较高的电价。这套系统成功地将电力需求减少了750兆瓦，某些大型用户更是削减了60%的用电量，事实上，现在美国大约有1600万用户都在使用这种计价方式。

捆绑销售

捆绑销售是共生营销的一种形式，指的是两个或两个以上的品牌或公司在促销过程中进行合作，从而扩大它们的影响力。作为一种跨行业和跨品牌的新型营销方式，捆绑销售开始被越来越多的企业重视和运用。捆绑销售的形式多种多样，在超市中，我们经常可以看到很多商品被一起买走，而且比分别买的时候便宜很多。捆绑销售的形式主要有三种：（1）优惠购买，消费者购买甲产品后，可以用比市场上优惠的价格购买到乙产品；（2）统一价出售，产品甲和产品乙不单独标价，按照捆绑后的统一价出售；（3）统一包装出售，产品甲和产品乙放在同一包装里出售。

一个经典的例子，便是微软公司将其 IE 浏览器与个人电脑视窗操作系统捆绑在一起销售，不仅妨碍了其他公司产品的创新，也减少了消费者在浏览器方面的选择空间。

谢绝自带酒水

走进饭店的时候，我们经常看到一个牌子，写着"谢绝自带酒水"，这其中有何原因呢？

这一规定其实是饭店所有者行使所有权的一种表现。酒店的投资者对其投资行为所形成的产品的所有权理当得到社会尊重，其他人如使用或消费这种产品，就必须支付相应的费用，或事先取得所有者的许可。同时，饭店所有者投资的回收和合理利润的获得，也需借助其向消费者提供的实物和服务。谢绝自带酒水或收取开瓶费，实际上也是获取投资回报行为的一个组成部分。

此外,"谢绝"的含义还界定了饭店对消费者在店内消费行为所应负的责任。对于经营者来讲,饭店虽是一个全天候开放的空间,但并非公共资源或公共场所,更不是消费者可以随意行使个人权利的地方。也就是说,你在饭店就餐,就表明饭店需要对你的就餐承担一定的责任。假如你自带酒水,如果吃完饭发生事故怎么办?比如食物中毒、卫生事故等。如果无法鉴定是因为饭店的食物还是你自带的酒水造成的,饭店就需要为你自带的酒水而承受一定的风险。一般饭店都会对自带酒水收取服务费用。

因此,饭店谢绝自带酒水并不违法。而消费者协会等组织,站在顾客的立场,不提倡饭店谢绝自带酒水。不过,只能是"不提倡",而无法对饭店谢绝自带酒水的行为进行任何处罚。

自 助 餐

自助餐(Buffet),是起源于西餐的一种就餐方式。厨师将烹制好的冷、热菜肴及点心陈列在餐厅的长条桌上,由客人自己随意取食,自我服务。这种就餐形式起源于公元8—11世纪北欧的"斯堪的纳维亚式餐前冷食"和"亨联早餐"(Hunt Breakfast)。

自助餐可以让顾客吃到饱为止,而且并不设限,很多顾客都会出现浪费的现象,似乎对商家来说这种经营形式是吃亏的,其实不然。一方面,自助餐由于顾客不用点餐,餐厅不用花费专门的钱来制作菜单,且不用配备服务人员为顾客端菜。另一方面,餐厅会提醒顾客不能浪费,超过规定的数量则需要额外交纳金钱。从这些方面来说，经营自助餐的餐厅的经营与管理成本会低于普通的餐厅，这使得自助餐能长期存在，餐厅不会因为亏本而关门。

拍卖是怎么回事

拍卖是一种特殊的交易，也称"竞买"。

拍卖的形式有四种，第一种形式是升价拍卖，又叫"英式拍卖"，就是我们最常见到的拍卖。大家在一起公开竞标，往上抬价，出价最高者获得拍品。第二种是降价拍卖，又叫"荷式拍卖"，价格则是由高往低降，第一个接受价格的人获得拍品。剩下的两种拍卖方式是密封式竞价，一种是一级价格密封拍卖，每个人都对拍品单独报价，相互不知底细，填了标的封在信封里交上去，最后拍卖师拆开信封，出价最高者获胜。另一种是二级价格密封拍卖，与一级价格密封拍卖类似，唯一不同的是，最后出价最高的人获得拍品，但他无须付出自己所喊价格，只需要按照排位第二高的价格付钱就行。这四种拍卖形式在日常生活中几乎都能找到对应的形式，非常直观。

其实之所以存在拍卖，就是因为不同人对同一种商品的估计不一样。只要存在着信息获取和对信息认识的不同，拍卖就可以存在。而拍卖的结果弥合了这种分歧，最终获胜的人以他自己认同的价格拿走拍品。

最高出价者竞拍成功，当然，并非所有拍卖会上的物品都会被买走，也有不少未成交的物品，行话称之为"流拍"。

遛狗理论

"遛狗理论"是一种价值决定价格的思维方式,价格是由供求关系决定的,价值则是人们对未来价格的一种模糊判断。

如果要重新阐述"遛狗理论",那么就是一个动物爱好者很喜欢观察某条狗,为了每天能够观察到这条狗,他会猜测狗的游逛路径,然后提前一点到相应的位置去等待狗的出现。狗的游逛路径并不是由观察者所决定的,而是由其他因素所决定,就如同价格由供求关系所决定一样。

在供求关系中我们知道有时候市场会出现大量的投机需求,这会在短期内极大地影响价格的波动。但是投机需求是不稳定的,短时间的影响后又会回到真实需求为主导的情形。这就仿佛观者通过以往的经验分析知道狗每天都会在一根电线杆处撒尿,所以他会提前到那根电线杆那边去等。但是某次狗被路过的顽皮孩子给惊吓了而到处狂奔,可观察者知道狗受顽皮孩子的惊吓只是一时的,他只需要耐心地在电线杆那边等,过一段时间狗又会乖乖地跑到电线杆处撒尿了。

超市商品摆放学问

摆放商品是超市的一种营销策略。把商品按照不同的位置摆放,在很大程度上可以促进销售量。

比如,利润较大的物品经常摆在右边,因为大多数人习惯用右手,所以总喜欢拿右边的东西。一些不太新鲜的食品，通常也会摆放在这个位置。

又如，为尽快卖掉即将过期的牛奶，超市在牛奶货架商品的摆放上煞费苦心。生产日期靠前的牛奶会摆在与顾客视线平行的位置，如货架中间，由于顾客目光正好和货架的中间位置平行，也就销得最快。调查资料显示，放在与顾客眼睛视线平行位置的商品，可以增加70%的销量，这也是超市物品摆放的最佳位置。速冻食品选购也有讲究，越新鲜的产品，摆放的位置越靠下。还有一些比较有文章可做的地方，一是齐腰的地方，二是与膝盖平行的地方，这些位置摆放的商品利润都比较大。

第四章
你一定要知道的生活中的趣味经济学

经济学并不意味着复杂的数学模型和演算公式，也并不仅仅充斥着晦涩的专业术语。在这里，我们用生动的故事和生活中的实际事例来解释深奥的经济学知识，突出趣味性，以简洁明了、幽默风趣的方式将那些高深的经济学知识娓娓道出。

裙边理论

裙边理论（Hemline Theory），是 1920 年由宾州大学经济学家乔治·泰勒提出的一种形象描述市场走势的理论，当妇女普遍选择短裙，裙边向上收时，股市也随之上扬，如 20 世纪 20 年代和 20 世纪 60 年代；相反，当妇女穿着长裙，裙边向下降时，市场也逐渐走低，如 20 世纪 30 年代和 20 世纪 40 年代。

"女人的裙子越短，经济就越旺！"对时尚没什么概念的人都听过这句话吧？如今还出现了发型长短也能看出经济景气的数据研究，这究竟是怎么回事？

经济，关时尚什么事？时尚不肤浅，它的高瞻远瞩，告知了世人未来的生活形貌。乔治·泰勒说："经济增长时，女人会穿短裙，因为她们要炫耀里面的长丝袜；当经济不景气时，女人买不起丝袜，只好把裙边放长，来掩饰没有穿长丝袜的窘迫。"

不过，长丝袜在 20 世纪 20 年代可能是奢侈品，但现在经济再不景气，也不至于连一双丝袜也买不起吧。那么，"裙边理论"还准确吗？

纽约大都会博物馆服装馆馆长哈罗德柯达认为："伟大的设计师会掌握社会脉搏，了解普通百姓最关心的问题，当他感觉人们心理遇到困境、悲观情绪滋长时，他们所设计的衣服就会朝着保守低调的方向发展，如长袖、高领、长裙。"

设计师对于人们情绪的观察，直接、快速地反映在服装上，如现在经济大好的莫斯科，当地女性裙装以短、薄为主，而且奢华繁复；而持续受到次贷危机影响的美国，女性穿着似乎呈现越加保守的趋势，甚至习惯浮华耀眼衣着的好莱坞明星，因受到 2007 年好莱坞编剧大罢工对美国娱乐产业的打击，也开始掀起一阵长裙风。

面对鱼与熊掌怎么办

面对稀缺的资源，我们常常需要做出选择，正如孟子所说的"鱼与熊掌不可兼得"。经济学在很大程度上并不是教我们如何去赚钱，而是教会我们如何做出选择。选择是需要智慧的，用富有哲理的话说，就是"得而有所舍，是智慧之心"，"舍得舍得，有所舍，才有所得"。

经济学家经常用大炮-奶油、食物-衣服、闲暇-工作、效率-平等以及其他类似的例子来说明我们面临的各种各样的选择。人们为了得到一样东西，必须放弃另一样东西，著名的经济学家曾说过："也许一个人一生中没有一种取舍比工作和闲暇之间的权衡取舍更明显和更重要。"

比如，甲请他的女朋友吃西餐。"就这个吧！"她用小指头轻轻一点，"全餐。"开胃小菜上来了，她一扫而空；汤上来了，立刻见底；色拉上来了，她一一吞下；主菜的前菜上来了，慢慢吃，吃了一半；主菜正盘上来了，她已经摸着胸口喘气："太饱了，吃不下了。"乙也请他的女朋友吃西餐，也是全餐。她每样都吃一点，只挑她喜欢的入口，不仅主菜上来时仍然有胃口，就连最后一道甜点和餐后的美酒，她也没有放过，临走时还微微一笑："谢谢！"轻盈地离开。

人生也像一场盛宴，你如果不想留下遗憾，就应该懂得选择。

理性人假设

经济学理论的建立是以一定的假设条件作为前提的，在微观经济的分析中，根据所研究的问题和所要建立的理论的不同需要，假设条件会存在差异。但是，众多不同经济理论的各自不同的假设条件中，有一个假设条件是所有经济理论均具备的一个基本假设条件，就是"合乎理性的人"的假设条件。

在经济学里，"合乎理性的人"的假设通常简称为"理性人"或者"经纪人"。西方经济学家指出，所谓"理性人"的假设是对在经济社会中从事经济活动的所有人基本特征的一个一般性的抽象。这个被抽象出来的基本特征就是：每一个从事经济活动的人都是利己的。也可以说，每一个从事经济活动的人所采取的经济行为都是力图以自己的最小经济代价去获得自己的最大经济利益。西方经济学家认为，在任何经济活动中，只有这样的人才是"合乎理性的人"，否则，就是非理性的人。

在现实生活中，人们会发现很多东西没法用这种理性行为来解释，大多数人认为正常却并不理性的决策行为比比皆是，比如，刮彩票中奖等诸如此类的意外之财，人们往往乐于将它消费掉，而对自己辛辛苦苦赚来的薪水，人们往往舍不得消费，而要将它存起来。这虽然符合人之常情，看起来很正常，但并不理性。从理性的角度看，不论是刮彩票获得的钱，还是自己工作所得的薪水，单位货币的经济价值是一样的。

罗密欧与朱丽叶这对莎翁笔下的苦命恋人，如果按爱情伟大坚贞的角度来看，绝对是一流的实证例子，但选择自杀殉情来结束爱情却是怎么都和理性行为搭不上边的。

交换的基础

《庄子·逍遥游》中记录了这样一个有趣的故事：宋国有一户人家，世代以漂洗为业，会做一种保护手不皲裂的药。一个游客听说此事，愿用百金来买他的药方。这家人聚集在一起商量："我们世世代代在河水里洗，也挣不了几个钱，现在一下子就可卖得百金。还是把药方卖给他吧。"游客得到药方以后，便献给了吴王。正巧此时越国发难，吴王派他统率部队，冬天跟越军在水上交战，药方使得吴军将士的手都没有被冻裂，战斗力大大提高，从而击败越军，吴王大喜，割地封赏了这位游客。

这个故事曾被多次引用，用来说明这样一个道理：同样的资源用于不同的地方，其效用的差别非常大。一服保护手不皲裂的药方，在百姓家中就是普通的药膏，但游客就能拿它获得封赏，成为诸侯。这个故事还暗含了深刻的经济学道理：效用的增加是交换的基础。在游客看来，药方的价值远大于百金，而对于世代漂洗丝絮的宋国人，卖得百金肯定是笔好买卖。吴王以药方提升了战斗力从而打败越人，这是将药方的效用发挥到了极致，因此在这次交易中，交易双方所获得的效用都增加了。

进一步，期望效用是人们交易的源泉。人们在交易中判断"值"与"不值"往往不是根据客观的最大效用，而是根据主观的期望，因为大多数情况下人们并不知道商品的最大效用值是多少。故事中的宋国人并不知道药方最后的效用，因此对他们而言，百金就是他期望的最大效用。而游客的角色如同今天的投机者，虽然他获得的利益远远大于支付给宋国人的百金，但他的获益来自于发现了药方的最大价值。

畅销书比滞销书便宜

成本是商品经济的价值范畴，是商品价值的组成部分。人们要进行生产经营活动或达到一定的目的，就必须耗费一定的资源（人力、物力和财力等），其所费资源的货币表现称之为成本。当生活中某种畅销的商品并没有因为需求程度大而涨价时，往往与其成本相关。

一般来说，越是畅销的东西，越能代表在市场上的受欢迎程度，其质量和服务也应该很不错，售价按道理来说应该较高，但是书却不是这样，一些滞销书的价格往往高于普通畅销书。这到底是为什么？

这种差异完全可以从经济学的角度来解释。其一，某种书一旦畅销，其流通速度便相当快，占用货架以及库房的时间极短，因此其存放成本相当低。而滞销书有可能长时间卖不出去，其存放成本自然就高。其二，畅销书的市场需求量大，零售商自然也多，市场竞争也大，自然也就压低利润，而滞销书则需要有专业的服务员进行推荐和介绍，这部分的人力成本也要算在里面。

电影院里的爆米花

在学校待久了，常常发现学校小卖部的东西比外面商店卖得要贵，而电影院里的爆米花等小食品，价格也总比外边的商场和超市贵得多。因为在外面买的零食是不能拿入电影院的,所以人们只能在电影院里买。这些商品的价格之所以很高,一方面是由于无论在学校里或在电影院里,开店的成本一般比外面的商店要高。另一方面,电影是一种视觉享受,而这种视觉消费通常和味觉享受相辅相成,而电影院的消费群体多数是年轻人,他们大多不会为价格斤斤计较。电影院和爆米花的关系就像打印机和油墨,人们既然买了打印机就不会在乎油墨的价钱,既然走进了电影院自然也不会计较爆米花价格的高低了,这在经济学上来说是主产品和附加产品的关系,主产品往往能够带动更多附加产品的消费。特殊的环境可以为消费者创造良好的氛围,使得顾客乐意接受商家的高价来享受服务,这也就不难理解,为什么许多服务行业有不允许自带酒水的规定。

旅游区饭店淡季不关店

去旅游的时候,经常发现旅游景点附近有许多饭店,它们的生意好坏,会随着旅游的淡旺季而有所不同。旅游旺季的时候,当然是宾客盈门,淡季的时候却生意冷清、门可罗雀。但是,几乎所有的饭店都不会考虑暂时停止营业以节省开支,而是依旧开门迎客,这是为什么呢?

饭店的成本分为固定成本和可变成本,像店面租金、桌椅和厨具这些固定成本并不会随着顾客的增减而发生变化,只有食物的原料、燃料、员工工资等可变成本的支出会随着淡季而减少。因此,即使饭店选择在淡季停业也节省不了太多开支,关关停停对饭店本身的负面影响反而更大。虽然是淡季,只要能保本或者少量亏损也是划得来的,而且完全可以在旺季期间扭亏为盈，甚至大大地挣上一笔。

固定成本是不变的，既然已经支出，商家就不该选择让其闲置，只要收入能够支付可变成本，就可以继续经营下去。

机票"跳楼价"是怎么回事

现代客机的固定成本是非常高的，但是边际成本，即在飞机座位未坐满的情况下多载一名乘客的成本，是非常低的，只要票价高于边际成本，那么出售此座位就比空着要好。

民用航空公司和大型制造企业一样，属于高固定成本行业，企业总资产中固定资产占了大部分。民用航空公司固定成本巨大，包括飞机、航材、燃油和间接的管理成本。假设这架飞机座位为200个，卖出30个可以达到赢利平衡，超过30个以外卖出的座位都为净赚。从这个角度上来讲，就需要采取一切手段让飞机满座，包括机票打折。因为，关键不在于单张机票的折扣，而在于提高飞机单次飞行的利用率。国外的航空公司实行离飞机起飞的时间越近票价越便宜的方法就是这个原因。

所以飞机机票常常有"跳楼价"一说，但是这并不意味着航空公司真的会亏本。

商家打折真相

我们经常会在商家的店铺前看到"大甩卖"、"大出血"、"跳楼价"等告示，还有些店家每天都贴出"最后一天大甩卖"的告示，但这"最后一天"却似乎永远没有期限。

商品打折似乎已经成了一种风气，也给消费者带来了一种错觉，似乎所有的东西都很便宜，自己花很少的钱就可以买到超值的东西，但是，事实上并非如此。商家做生意是为了赢利，"大出血"一两次还行，长时间地这样"出血"，岂不是会因"失血过多"而死亡？除了商家因搬迁等一些原因而真正在处理商品之外，大多数的"跳楼"都只是一种促销行为。商家只是降低了在商品上的利润，并以此薄利多销，如果销售量增加了，而打折的程度又合理，商家可以获得比原来更多的销售收入。消费者不要因为商家打折而产生捡便宜的感觉，盲目购买。

就业歧视问题

柠檬市场效应同样可以用来解释就业歧视问题。有些雇主拒绝在一些重要岗位上雇用有色人种或少数民族，这并非因为他非理性，或者存在偏见，而恰恰是遵循了"利润最大化"原则的后果。因为在缺乏充足、可信信息的情况下，一个人的种族、肤色便成为其社会背景和素质能力的一个信号。当然，对一个人的素质、能力，教育体系可以给出一个更好的衡量指标，它可以通过诸如授予学位等方法给出更好的信号。不过，一个没有接受过任何训练的工人完全可能有很好的潜质，但在一个公司接纳他以前，这种才能一定要经过教育体系的"鉴证"。这个"鉴证"的体系一定要有权威，具有可信度。

我们知道，在美国，有色人种或少数民族接受良好教育的机会很少，他们大多是在贫民窟学校完成学业。来自贫民窟学校的鉴证的可信度比起一些正规的名牌学校来说，要低得多。这使有色人种或少数民族的就业处于一个不利的地位。因为在雇主不信任一些学校的"鉴证"时，对他而言，在重要的岗位上雇用有色人种或少数民族就类似于购车者花费较多的金钱在信息不完全的"二手车"市场上买车。正如购车者会去买一辆新车一样，雇主会在那些他认为"可能能力较强者较多"的市场中挑选人才。也正是如此，加强对落后地区的教育投资显得尤为必要，因为它可以提高一个群体的素质，提高其"鉴证"的可信性，最终改善一个群体中成员的就业机会和生存状况。

帕累托最优与帕累托改进

帕累托最优（Pareto Optimality），也称为帕累托效率（Pareto Efficiency），这个概念是以意大利经济学家维弗雷多·帕累托的名字命名的，他在关于经济效率和收入分配的研究中最早使用了这个概念。

帕累托最优，是指资源分配的一种状态，在不使任何人境况变坏的情况下，不可能再使某些人的处境变好。帕累托改进（Pareto Improvement），是指一种变化，在没有使任何人境况变坏的情况下，使得至少一个人变得更好。一方面，帕累托最优是指没有进行帕累托改进余地的状态。另一方面，帕累托改进是达到帕累托最优的路径和方法。帕累托最优是公平与效率的"理想王国"。

如果一个经济体不是帕累托最优，则存在一些人可以在不使其他人的境况变坏的情况下使自己的境况变好的情形。普遍认为这样低效的产出的情况是需要避免的，因此帕累托最优是评价一个经济体和政治方针的非常重要的标准。从市场的角度来看，一家生产企业，如果能够做到不损害对手利益的情况下又为自己争取到利益，就可以进行帕累托改进，换而言之，如果是双方交易，这就意味着双赢的局面。

20世纪70年代末发生于安徽北部的农村改革，冲破了人民公社旧体制，由此激发的农民生产积极性很快改变了计划经济几十年不能解决的温饱问题。这便是通过帕累托改进达到帕累托最优的一个实例。

幸运的津巴布韦大象

公共产品（Public Good）是私人产品的对称，也称"公共财货"、"公共物品"，指的是具有消费或使用上非竞争性和受益上非排他性的产品，指能为绝大多数人共同消费或享用的产品或服务。公共产品的特点主要有二：一是非竞争性，一些人对这一产品的消费不会影响另一些人对它的消费，比如，国防保护了所有公民，其费用以及每一公民从中获得的好处不会因为多生一个小孩或多死一个人而发生变化。二是非排他性，某些人对这一产品的利用，不会排斥另一些人对它的利用，比如，消除空气中的污染是一项能为人们带来好处的服务，它使所有的人能够生活在新鲜的空气中，要让某些人不能享受到新鲜空气的好处是不可能的。又如路灯，晚上路灯为行人照明，每个行人都能从中受益，并不会因为有了一个行人在路上走就会排斥其他人享受路灯带来的好处。

公共产品一般由政府或社会团体提供，几种重要的公共产品有：国防、秩序、环保、科技、教育、文化。

不过，是不是意味着所有的东西只要变成公共产品就是最好的呢？其实不然，让我们来看看津巴布韦的大象。在津巴布韦，大象原本是属于全体公民的，村民们通过向观看大象的游客收取费用获得收入，不过大象的数量却在下降。后来，他们提出一个新的保护大象的方法，把大象分给村民，并且允许向那些捕杀大象的猎人们收取费用。这个看起来更加残忍的方法却收到了很好的效果，自20世纪70年代中期津巴布韦实行这项政策开始，尽管允许捕猎，津巴布韦的大象数量却一直在上升，原因在于大象是属于村民的，当大象的数目越多，村民们从游客那里收到的费用也就会越多，保护属于村民自我私有财产的大象也就更加责无旁贷了，所以大象的数量能上升。

这给我们一个启发，公共产品总是会给我们提供便利，使大家都从中获利，但如果有一个更加明晰的产权制度来合理地规范使用它，那么公共产品被浪费或被过度使用的概率就会更小一些。

爱尔兰的土豆

所谓吉芬商品就是在其他因素不改变的情况下，当商品价格上升时，需求量增加；价格下降时，需求量反而减少。吉芬商品是19世纪英国经济学家罗伯特·吉芬对爱尔兰的土豆销售情况进行研究时定义的。他在爱尔兰观察到一个现象：当土豆价格上涨的时候，人们消费更多的土豆。这个现象就是著名的"吉芬反论"或者"吉芬矛盾"，土豆这种商品就被称为"吉芬商品"。

土豆价格上涨，需求量反而上升，是因为消费者收入较低，买不起其他食品，或者说，消费的主食因收入的限制而只好采用土豆，当土豆价格上涨时，他们预期价格还会涨，于是就去抢购了。

在中国一些东西也可以看作是"吉芬商品"，比如大米、小麦等生存必需品，它们对于中国这样一个人口大国显得尤为重要，要是中国经济下滑，人民的整体消费水平下降，对这种能填饱肚子的生存必需品的需求会增加，这样，这些大米、小麦等生存必需品的价格就会上升，但人们为了填饱肚子且担心这种必需品的价格进一步上升会持续购买。

替代品与互补品

替代品（Substitute Goods）指的是对于两种物品来说，如果一种物品价格的上升引起另一种物品需求的增加，则这两种物品被称为替代品。比如，我们乘公交车出行，就不用买私家轿车了，公交车和私家车便是互为替代品。洗衣粉和肥皂也互为替代品。

互补品（Complements）指两种商品必须互相配合，才能共同满足消费者的同一种需要，如照相机和胶卷（当然不是我们现在经常用的数码相机）：胶卷的需求量与照相机的价格有着密切关系，一般而言，照相机价格上升，胶卷的需求量下降，两者呈现反方向变化。还有，有些人喝咖啡一定要有咖啡伴侣，所以对他们来说，咖啡和咖啡伴侣便是互补品。一般来说，如果X和Y是互补品，X的需求量就与Y的价格成反向变化。

猴子的投资收益

在证券投资中有这样一个经典的笑话，说的是那些殚精竭虑的投资分析专家精心挑选出来的投资组合与一群蒙住双眼的猴子在股票报价表上用飞镖胡乱投射所选中的股票在投资收益率上没有本质的差别。这也就是说，股价波动是无法通过对历史数据的分析来预测未来的走向的，这就是著名的"随机游走"理论。

我们的世界是不确定的，一般大家都无法准确掌控周围的一切，不过人们又不喜欢随机事件，认为随机的序列杂乱无章，是没有用处的，难以帮助我们进一步预测并掌握未来。其实不然，比如你在玩"剪刀-石头-布"的游戏时，如果你老是出同样的手势，或者只是简单地变化，那么对手就会发现这一规律，从而获胜的次数也较多，较为明智的办法是每次你都是随机摆出手势，由于没有规律可循，对手就难以战胜你。

零和效应和双赢效应

零和效应最初来源于扑克游戏，扑克游戏总是以一方赢局和一方输局作为结束，引申至经济理念中的原理就是：一方的赢利必须建立在一方的亏损之上，也就是说，利己必然损人。然而随着社会的进步，零和效应的理念越来越让经商走入了死胡同。

营销学认为，双赢是存在的，对于客户与企业来说，应是客户先赢而企业后赢；对于员工与企业来说，应是员工先赢、企业后赢；对于市场来说，应是顾客先赢、经销商后赢。双赢强调的是双方的利益兼顾，即所谓的"赢者不全赢，输者不全输"。

"双赢"模式是中国传统文化中的和谐思想与西方市场的竞争理念相结合的产物。在现代企业经营管理中，有人强调"和谐高于一切"，有人提倡"竞争才能生存"，而实践证明，和谐与竞争的统一才是企业经营的最高境界。市场经济是竞争经济也是协作经济，是社会化专业协作的大生产，因此在市场经济条件下的企业运作中，竞争与协作不可分割地联系在一起。近年来，很多学者提倡"合作竞争"，提出了"竞合"概念、"双赢"模式，旨在说明企业之间团结合作、在竞争中共同创造价值，才能在现代经济条件下共同取得前所未有的盈利能力与市场竞争力。利己不必损人，经济学的双赢模式也应该成为生活中的一条准则。

墨 菲 定 理

墨菲定理是西方世界常用的俗语。墨菲定理的主要内容是这样的：事情如果有变坏的可能，不管这种可能性有多小，它总会发生。

将墨菲定理套用到生活中，往往让人感觉沮丧和悲观。

当你在一大堆名片中翻找想要找的人时，往往翻到最后，才能找到你所需要的那张。然而，如果你一开始从下往上找，往往仍然要翻到最后，才能找到那张。当口袋里有两把钥匙，一把是你房间的，一把是汽车的，如果你现在想拿出车钥匙，结果你拿出的往往是房间的钥匙。

在银行排队交费时，另一排总是动得比较快。当换到另一排，原来站的那一排就开始动得比较快。站得越久，越有可能是站错了排。股市里的墨菲定理更让人万念俱灰，你吃进的股票，立即下滑，你卖出的股票，往往又开始看涨……

墨菲定理作为一种悲观主义的情绪，总是给生活带来负面的影响，或者说容易让遭遇挫折的人更加悲观。虽然生活中有着墨菲定理的现象，但生活终究是美好的，墨菲定理并不可怕，只要能认真地、正确地对待，保持良好的心态，就能战胜墨菲定理带来的负面影响，让生活更快乐。

第五章
你一定要懂的个人理财产品知识

现代意义的个人理财,不同于单纯的储蓄或投资,它不仅包括财富的积累,而且还囊括了财富的保障和安排。财富保障的核心是对风险的管理和控制,也就是当自己的生命和健康出现了意外,或个人所处的经济环境发生了重大不利变化,如恶性通货膨胀、汇率大幅降低等问题时,自己和家人的生活水平不至于受到严重的影响。

个人理财

个人理财就是对个人或家庭财务进行科学的、有计划的、系统的全方位管理，以实现个人财产的合理使用和消费，有效地使其增值、保值。

个人理财包括个人生活的各个重要方面，诸如住房、汽车、保险、资产分配、养老、退休保障、遗产、避税、债务管理等。个人理财充分利用各种理财工具，如现金、银行存款、股票、债券、基金、期货、房产、保险等，达到合理分配资产，满足理财安全性、收益性等多样化的目的。

个人收入

个人收入指的是个人从各种途径所获得的收入的总和，包括工资、租金收入、股利股息及社会福利等所收取得来的收入。该指标是预测个人的消费能力、未来消费者的购买动向及评估经济情况的好坏的一个有效的指标。个人收入提升总比下降的好，个人收入提升代表经济景气，下降当然是放缓、衰退的征兆，对货币汇率走势的影响不言而喻。如果个人收入上升过急，央行担心通货膨胀，又会考虑加息，加息当然会对货币汇率产生强势的效应。

个人消费支出

个人消费支出（Personal Consumption Expenditures），包括个人购买商品和劳务两方面的支出，是衡量居民消费支出的重要指标。与消费物价指数相似，个人消费开支是商务部经济分析局发布的一项报告（实际上是个人收入报告的一部分）。

个人消费开支是衡量消费货品及服务价格变动的一个指标，包含实际及估算家庭开支，也包括耐用品、非耐用品及服务数据。

储蓄实名制

储蓄实名制是按照储蓄者的真实姓名和身份证办理存款的制度，为了保证个人存款账户的真实性，维护存款人的合法权益，我国于2000年4月1日起施行储蓄实名制。实名是指符合法律、行政法规和国家有关规定的身份证件上使用的姓名，这类身份证件是指居住在境内的中国公民的居民身份证和临时居民身份证，中国人民解放军的军人身份证件，中国人民武装警察的武装警察身份证件，中国香港、澳门居民往来内地的通行证，中国台湾地区居民往来大陆的通行证或其他有效身份证，外国公民的护照等。个人如不出示证件，金融机构不得为其办理存款。金融机构也有为个人存款账户保守秘密的责任，不得向任何单位或者个人提供储户的个人存款账户情况，并有权拒绝任何单位或者个人查询、冻结、扣划个人在金融机构的款项。

基金投资

基金在广义上说是机构投资者的统称，包括信托投资基金、保险基金、退休基金、慈善基金等。狭义的基金主要指证券投资基金，是将众多的投资者的资金集中起来，形成独立资产，由基金管理人管理，以投资组合的方法进行证券投资的一种投资方式。

根据投资对象的不同，证券投资基金可分为：股票型基金、债券型基金、货币市场基金、混合型基金等。60％以上的基金资产投资于股票的，称为股票基金；80％以上的基金资产投资于债券的，称为债券基金；仅投资于货币市场工具的，称为货币市场基金；投资于股票、债券和货币市场工具，并且股票投资和债券投资的比例不符合债券、股票基金规定的，为混合基金。

从投资风险的角度来看，各种基金给投资人带来的风险是不同的。其中股票基金风险最高，货币市场基金风险最小，债券基金风险居中。相同品种的投资基金由于投资风格和策略不同，风险也会有所区别。例如股票型基金按风险程度又可分为：平衡型、稳健型、指数型、成长型、增长型。当然，风险度越大，收益率相应也会越高；风险越小，收益也相应要低一些。

基金收益指的是基金资产在运作过程中所产生的超过自身价值的部分。具体来说，基金收益包括基金投资所得的红利、股息、债券利息、买卖证券价差、存款利息和其他收入。

红利：基金因购买公司股票而享有对该公司净利润分配的所得。基金作为长线投资者，其主要目标在于为投资者获取长期的、稳定的回报，红利是构成基金收益的一个重要部分。

股息：指基金因购买公司的优先股权而享有对该公司净利润分配的权益。股息通常是按一定的比例事先规定的，这是股息与红利的主要区别。

债券利息：指基金资产因投资于不同种类的债券（国债、地方政府债券、企业债、金融债等）而定期取得的利息。我国《证券投资基金管理暂行办法》规定，一个基金投资于国债的比例不得低于该基金资产净值的20%。由此可见，债券利息也是构成投资回报不可或缺的组成部分。

买卖证券差价：指基金资产投资于证券而形成的价差收益，通常也称资本利得。

存款利息：指基金资产的银行存款利息收入，这部分收益仅占基金收益很小的一个组成部分。开放式基金由于必须随时准备支付基金持有人的赎回申请，必须保留一部分现金存在银行。

其他收入：指运用基金资产而带来的成本或费用的节约额，如基金因大额交易而从证券商处得到的交易佣金优惠等杂项收入，不过这部分收入通常数额很小。

当前，基金是不少人投资理财的一个主要产品，但基金投资的费用包括交易过程中的认、申购费和赎回费，基金存续期的管理费、托管费等费用。投资者如果在买进与卖出基金的过程中掌握一些技巧，就可以减少不必要的手续费支出。

其一，认购基金比申购基金划算。同一只基金在发行时认购和出封闭期之后申购，其费率是不一样的，认购费率一般为1%左右，申购费率则在1%～1.5%之间。

其二，网上购买基金可享受手续费折扣。

其三，基金红利再投资不要申购费。

其四，最好选择"后端收费"模式。对于基金投资，投资者如果想选择长期稳定的投资方式，可以采用"后端收费"模式，这种模式特点是持有时间越长、费率越低，有利于复利增值。

其五，尽量使用基金转换业务。在市场震荡时期，投资者将高风险的股票型基金转换成低风险的债券型基金或货币型基金，不仅能规避市场风险，而且能节省费用。

基 金 经 理

每种基金均由一个经理或一组经理去负责决定该基金的组合和投资策略，投资组合是按照基金说明书的投资目标去选择以及由该基金经理之投资策略去决定的。

基金经理一般要求具有金融相关专业硕士以上教育背景，具备良好的数学基础和扎实的经济学理论功底。基金经理需要有很强的数量分析和投资预测能力，能够在各式各样的投资项目中选择最具有升值空间和潜力的投资组合，还要有极强的风险控制能力和抗压能力。基金经理通常要求具有较长的证券从业经验，尤其是具有投资方面的"实战经验"，这也被视为能出任基金经理的重要条件。

中国的基金投资者在选择基金的时候，基金经理已经成为一个非常重要的参考指标。中国现有近百家基金管理公司，几百只基金，如果每只基金按照一个基金经理计算，基金管理人才基本上属于供不应求。基金经理可谓人中精英，素质是一流的，年龄也大多集中在 30～35 岁的"理想年龄段"。目前在国内基金管理公司的队伍当中，本科学历的人才早已很少见了，"硕士操盘手、博士分析师"是大多数基金管理公司的团队组合。但从中国证券市场发展的历史来看，基金业与基金经理都显然非常年轻，还有待经历牛市与熊市的反复砥砺磨炼。

组合投资

组合投资有三句名言，第一句，"不要把所有的鸡蛋放在同一个篮子里"，意味着要分散风险；第二句，"不要一个篮子里只放一个鸡蛋"，即组合投资并不意味着把钱过度分散，过度分散反而会降低投资收益；第三句，"把鸡蛋放在不同类型的篮子里"，不同类型的篮子是指相关系数低的投资产品，例如股票基金与债权基金各买一些，这样的组合才能发挥组合投资的优势。

保本基金

保本基金是指在一定投资期限内（如3年或5年），对投资者所投资的本金提供100％或者更高保证的基金。也就是说，以基金投资者在投资期限到期日至少可以取回本金作为保证，而同时，如果基金运作成功，投资者还会得到额外收益。

保本基金特别适合于那些不能承受本金损失，而又希望在一定程度上参与证券市场投资的投资人。在证券市场波动较大或市场整体低迷的情况之下，保本基金为风险承受能力较低，同时又期望获取高于银行存款利息回报并且以中长线投资为目标的投资者提供了一种风险极低，同时又具有升值潜力的投资工具。

成长型基金

成长型基金以资本长期增值为投资目标，其投资对象主要是市场中有较大升值潜力的小公司股票和一些新兴行业的股票。为达成最大限度的增值目标，成长型基金通常很少分红，而是经常将投资所得的股息、红利和盈利进行再投资，以实现资本增值。

成长型基金主要以股票作为投资主要标的，成长型股票基金是基金市场的主流品种。根据对股票型基金的评级体系，成长型基金是与价值型基金相对而设立的，在定义成长型基金时，主要是根据基金所持有的股票特性进行划分的。成长型基金所持有的股票一般具有较高的业绩增长纪录，同时也具有较高的市盈率与市净率等特性。

投资于成长型股票的基金，期望其所投资公司的长期盈利潜力超过市场预期，这种超额收益可能来自于产品创新、市场份额的扩大或者其他原因导致的公司收入及利润增长。总而言之，成长型公司被认为具有比市场平均水平更高的增长速度。

股票型基金

所谓股票型基金，是指60％以上的基金资产投资于股票的基金。

如何选择股票型基金？

一要看投资取向，即看基金的投资取向是否适合自己，特别是对没有运作历史的新基金公司所发行的产品更要仔细观察。基金的不同投资取向代表了基金未来的风险承受、收益程度，因此应选择适合自己风险、收益偏好的股票型基金。

二看基金公司的品牌，买基金是买一种专业理财服务，因此提供服务的公司本身的素质非常重要。目前国内多家评级机构会按月公布基金评级结果。尽管这些结果尚未得到广泛认同，但将多家机构的评级结果放在一起也可作为投资时的参考。

债券基金

债券基金是指专门投资于债券的基金，它通过集中众多投资者的资金，对债券进行组合投资，寻求较为稳定的收益。根据中国证监会对基金类别的分类标准，基金资产80％以上投资于债券的为债券基金。

在国内，债券基金的投资对象主要是国债、金融债和企业债。通常，债券为投资人提供固定的回报和到期还本，风险低于股票，所以相比较股票基金，债券基金具有收益稳定、风险较低的特点。

货币市场共同基金

货币市场共同基金英文为 Money Market Mutual Funds，简称 MMMFs。共同基金是将众多的小额投资者的资金集合起来，由专门的经理人进行市场运作，赚取收益后按一定的期限及持有的份额进行分配的一种金融组织形式。而对于主要在货币市场上进行运作的共同基金，则称为货币市场共同基金。货币市场共同基金是一种特殊类型的共同基金，是美国20世纪70年代以来出现的一种新型投资理财工具。购买者按固定价格（通常为1美元）购入若干个基金股份，货币市场共同基金的管理者就利用这些资金投资于可获利的短期货币市场工具（例如国库券和商业票据等）。此外，购买者还能对其在基金中以股份形式持有的资金签发支票。

开放式基金

开放式基金，是指基金规模不是固定不变的，而是可以随时根据市场供求情况发行新份额或被投资人赎回的投资基金。包括一般开放式基金和特殊的开放式基金。特殊的开放式基金就是LOF，英文全称是Listed Open-Ended Fund，汉语称为"上市型开放式基金"，也就是上市型开放式基金发行结束后，投资者既可在指定网点申购与赎回基金份额，也可以在交易所买卖该基金。

不过投资者如果是在指定网点申购的基金份额，想要上网抛出，须办理一定的转托管手续。同样，如果是在交易所网上买进的基金份额，想要在指定网点赎回，也要办理一定的转托管手续。

除特殊基金LOF外，还有一种ETF基金，也是特殊型基金，其英文全称是Exchange Traded Fund，中文称为"交易所交易基金"。它是在证券交易所挂牌交易的、基金份额可变的指数型开放式基金，其交易价格、基金份额净值走势与所跟踪的指数基本一致。因此，投资者买卖一只ETF基金，就等同于买卖了它所跟踪的指数包含的多只股票，可取得与该指数基本一致的收益。

ETF是一种在交易所买卖的有价证券，代表对一篮子股票的所有权。在交易方式上，ETF既可以像封闭式基金一样在交易所买卖，也可以与开放式基金一样进行类似的申购、赎回。但与开放式基金不同的是，通常情况下，申购ETF用的不是现金，而是一篮子股票；赎回后所得的也不是现金，而是一篮子股票。

封闭式基金

封闭式基金（Close-end Funds）是指基金的发起人在设立基金时，限定了基金单位的发行总额，筹足总额后，基金即宣告成立，并进行封闭，在一定时期内不再接受新的投资。基金单位的流通采取在证券交易所上市的办法，投资者日后买卖基金单位，都必须通过证券经纪商在二级市场上进行竞价交易。

收入型投资基金

收入型投资基金是以追求基金当期收入为投资目标的基金，其投资对象主要是那些绩优股、债券、可转让大额定期存单等收入比较稳定的有价证券。收入型基金一般把所得的利息、红利都分配给投资者。

风险投资基金

风险投资基金又叫创业基金，是当今世界上广泛流行的一种新型投资机构。它以一定的方式吸收机构和个人的资金，投向于那些不具备上市资格的中小企业和新兴企业，尤其是高新技术企业。

风险投资基金无须风险企业的资产抵押担保，手续相对简单。它的经营方针是在高风险中追求高收益。风险投资基金多以股份的形式参与投资，其目的就是为了帮助所投资的企业尽快成熟，取得上市资格，从而使资本增值。一旦公司股票上市后，风险投资基金就可以通过证券市场转让股权而收回资金，继续投向其他风险企业。

平衡型投资基金

平衡型基金是既追求长期资本增值，又追求当期收入的基金。这类基金主要投资于债券、优先股和部分普通股。这些有价证券在投资组合中有比较稳定的组合比例，一般是把资产总额的25%～50%用于优先股和债券，其余的用于普通股投资，其风险和收益状况介于成长型基金和收入型基金之间。

指数基金

指数基金是一种按照证券价格指数编制原理构建投资组合进行证券投资的一种基金。从理论上来讲，指数基金的运作方法简单，只要根据每一种证券在指数中所占的比例购买相应比例的证券，长期持有即可。指数基金根据有关股票市场指数的分布投资股票，以令其基金回报率与市场指数的回报率接近。

指数基金是一种以拟合目标指数、跟踪目标指数变化为原则，实现与市场同步成长的基金品种。指数基金的投资采取拟合目标指数收益率的投资策略，分散投资于目标指数的成分股，力求股票组合的收益率拟合该目标指数所代表的资本市场的平均收益率。运作上，它比其他开放式基金具有更有效规避非系统风险、交易费用低廉、延迟纳税、监控投入少和操作简便的特点。从长期来看，指数投资业绩甚至优于其他基金。

对于一种纯粹的被动管理式指数基金，基金周转率及交易费用都比较低，管理费也趋于最小。这种基金不会对某些特定的证券或行业投入过量资金，它一般会保持全额投资而不进行市场投机。当然，不是所有的指数基金都严格符合这些特点的。

国家基金与国际基金

国家基金指在本国市场外的单一国家市场进行投资，例如中国基金、日本基金、韩国基金等。国家基金是指资本来源于国外，并投资于某一特定国家的投资基金。国际基金是指资本来源于国内，并投资于国外市场的投资基金。

基金拆分

基金拆分，又称拆分基金，是指在保持基金投资人资产总值不变的前提下，改变基金份额净值和基金总份额的对应关系，重新计算基金资产的一种方式。

基金拆分后，原来的投资组合不变，基金经理不变，基金份额增加，而单位份额的净值减少。基金拆分通过直接调整基金份额数量达到降低基金份额净值的目的，不影响基金的已实现收益、未实现利得、实收基金等。

举个简单的例子：假设投资者持有某基金1万份，该基金份额净值为2元，那么他的基金资产为2万元。如果该基金按1∶2的比例进行拆分，则该投资者持有的基金份额由原来的1万份变为2万份，基金份额净值变为1元，总份额加倍，所对应的基金总资产仍为2万元。基金拆分对原来的持有人资产总额没有影响，只不过基金份额发生变化。

金 融 商 品

金融商品也可以称为金融工具，是指在信用活动中产生的能够证明资产交易、期限、价格的"书面文件"，它对于债权债务双方所应承担的义务与享有的权利均有法律约束意义。

它的分类如下：（1）按期限长短划分为货币市场金融工具和资本市场金融工具，前者期限短，一般为1年以下，如商业票据、短期公债、银行承兑汇票、可转让大额定期存单、回购协议等；后者期限长，一般为1年以上，如股票、企业债券、国库券等。（2）按发行机构划分为直接融资工具和间接融资工具。前者如政府、企业发行或签署的国库券、企业债券、商业票据、公司股票等；后者如银行或其他金融机构发行或签发的金融债券、银行票据、可转让大额定期存单、人寿保险单和支票等。（3）按投资人是否掌握所投资产品的所有权划分为债权凭证与股权凭证。（4）按金融工具的职能划分为股票、债券等投资筹资工具和期货合约、期权合约等保值投机工具等。

金融投资

金融投资是一个商品经济的概念，它是在资本主义经济的发展过程中，随着投资概念的不断丰富和发展，在实物投资的基础上形成的，并逐步成为比实物投资更受人们关注和重视的投资行为。

在资本主义发展初期，资本所有者与资本运用者是结合在一起的，经济主体一般都直接拥有生产资料和资本，亲自从事生产消费，投资大多采取直接投资的方式，也就是直接投入资本，建造厂房，购置设备，购入原材料，从事生产、流通活动，因此，早期的投资概念主要是指实物投资。

随着资本主义生产力和商品经济的发展，占有资本和运用资本的分离，日益成为资本运用的一种重要形式。这是因为，随着商品经济的发展，资本主义投资规模不断扩大，单个资本家的资本实力越来越难以满足日益扩大的投资规模对庞大资本的需求，迫切需要超出自身资本范围从社会筹集投资资金，于是，银行信用制度得到了迅速的发展，股份制经济也应运而生，银行信贷、发行股票、债券日益成为投资资金的重要来源。因此，金融投资也成为现代投资概念的重要组成部分。而且，由于现代金融市场的日益发展和不断完善，金融投资的重要性日益凸现，因此，现代投资概念更主要的是指金融投资。在西方学术界的投资学著作中，投资实际上指的就是金融投资，特别是证券投资。

保险商品

保险公司为个人、企业和任何风险情况预先与客人订立的用金钱和其他方式承担风险的合约,叫作保险商品。

任何保险商品都不是万能的,总有一些不能赔付的责任内容。这是因为,保险公司都是经营性的,以营利为目的,要考虑承担的风险的问题。保险公司要对风险认真考察,避免承保风险过大,造成保险公司的亏损。相应地,保险公司对风险进行筛选,把一些发生的可能性较大、损失较多的风险列为除外责任。因此,在购买保险商品的时候,除了了解承保范围以外,还要了解除外责任,避免在理赔的时候发生纠纷。

意外伤害保险

意外伤害保险中所称意外伤害是指,在被保险人没有预见到或违背被保险人意愿的情况下,突然发生的外来致害物对被保险人的身体明显、剧烈地侵害的客观事实。

意外伤害保险的纯保险费是根据保险金额损失率计算的,这种方法认为被保险人遭受意外伤害的概率取决于其职业、工种或从事的活动,在其他条件都相同时,被保险人的职业、工种、所从事活动的危险程度越高,应交的保险费就越多。

医疗保险

医疗保险是为补偿疾病所带来的医疗费用的一种保险,是职工因疾病、负伤、生育时,由社会或企业提供必要的医疗服务或物质帮助的社会保险,如中国的公费医疗、劳保医疗。中国职工的医疗费用由国家、单位和个人共同负担,以减轻企业负担,避免浪费。

医疗保险同其他类型的保险一样,也是以合同的方式预先向受疾病威胁的人收取医疗保险费,建立医疗保险基金。当被保险人患病并去医疗机构就诊而发生医疗费用后,由医疗保险机构给予一定的经济补偿。

因此,医疗保险也具有保险的两大职能:风险转移和补偿转移。即把个体身上的由疾病风险所致的经济损失分摊给所有受同样风险威胁的成员,用集中起来的医疗保险基金来补偿由疾病所带来的经济损失。

养老保险

养老保险是社会保障制度的重要组成部分,是社会保险五大险种中最重要的险种之一。所谓养老保险(或养老保险制度),是国家和社会根据一定的法律和法规,为解决劳动者在达到国家规定的解除劳动义务的劳动年龄界限,或因年老丧失劳动能力退出劳动岗位后的基本生活而建立的一种社会保险制度。

失业保险

失业保险是指国家通过立法强制实行的，由社会集中建立基金，对因失业而暂时中断生活来源的劳动者提供物质帮助的制度。它是社会保障体系的重要组成部分，是社会保险的主要项目之一。

投资型保险

投资型保险产品主要有分红险、投连险和万能险。不同的险种有着不同的侧重点和特点，适合的人群也有所不同，投保人只要仔细研究它们的特点，找到适合自己的品种并不难。

分红险目前的主要投资渠道是国债、存款和大型基础设施建设，属于期限较长，投资回报较为稳定的中等收益渠道，其与利率的相关度也较高。从长期来看，分红型保险更稳健，适合追求稳健，希望能集保本、保障和较好的长期投资收益于一体的客户。

投连险没有保底收益，它的投资风险完全由投保人来承担。从持有时间上看，该产品同基金定投一样，适合长期持有，不适合喜欢短线操作的人群。因为涉及前期扣费，一般建议持有5年以上，建议不要用家庭流动资金购买投连险。

万能险指的是可以任意支付保险费以及任意调整死亡保险金给付金额的人寿保险。由于保障额度的设计不同，形成了不同类型的产品，一般分为重保障型和重投资型。重保障型：保险金额高，前期扣费高，投资账户资金少，前期退保损失大，适合有一定投资风险承受意识和能力的中青年人，但要确保长期持有。重投资型：保险金额低，首期扣费少，投资账户资金较多，退保损失小，适合理财保守型人士。

银行理财产品

银行理财产品按照标准的解释，应该是商业银行在对潜在目标客户群分析研究的基础上，针对特定目标客户群开发设计并销售的资金投资和管理计划。在理财产品这种投资方式中，银行只是接受客户的授权管理资金，投资收益与风险由客户或客户与银行按照约定方式承担。

一般根据本金与收益是否有保证，我们将银行理财产品分为保本固定收益产品、保本浮动收益产品与非保本浮动收益产品三类。

第六章
拨开股票、证券市场中的那些迷雾

　　凡是有人生活的地方，就有投资。与此同时，投资的孪生兄弟——投机也如影随形。那么，女士们，先生们，现在可能有个问题困扰着你们，搅得你们头都大了吧？那么，好好思考思考，学习学习股市那些基本操作原理和常识吧。

场外交易

场外交易的英文为 Curb Trading、Kerb Trading，泛指在正式交易机构之外进行的交易，如通过计算机和电话进行的交易，也指在正常交易时间之后，即闭市之后进行的交易。场外交易又称柜台交易，指交易双方直接成为交易对手的交易方式。这种交易方式有许多形态，可以根据每个使用者的不同需求设计出不同内容的产品。同时，为了满足客户的具体要求，出售衍生产品的金融机构需要有高超的金融技术和风险管理能力。场外交易不断产生金融创新。但是，由于每个交易的清算是由交易双方相互负责进行的，交易参与者仅限于信用程度高的客户。

一个例子是美国股票交易所诞生前的交易行为。当时那些达不到纽约股票交易所上市标准的股票由黄牛在纽约股票交易所外的马路上交易，最终形成了美国第二大交易所。

场内交易

场内交易是指通过证券交易所进行的股票买卖活动。证券交易所是设有固定场地，备有各种服务设施（如行情板、电视屏幕、电子计算机、电话、电传等），配备了必要的管理和服务人员，集中进行股票和其他证券买卖的场所。在这个场所内进行的股票交易就称为场内交易。

目前在世界各国，大部分股票的流通转让交易都是在证券交易所内进行的，因此，证券交易所是股票流通市场的核心，场内交易是股票流通的主要组织方式。场内交易也指在正常交易时间，场内喊价交易，也是交易量比较大、交易活跃的交易时间。场内交易员一般是经纪公司在交易所的席位上指定的交易员，负责全公司提交买卖单等，也就是常说的"马甲"。

一级市场

一级市场（Primary Market），是筹集资金的公司或政府机构将其新发行的股票和债券等证券销售给最初购买者的金融市场。

一级市场并不为公众所熟知，因为将证券销售给最初购买者的过程并不是公开进行的。投资银行是一级市场上协助证券首次售出的重要金融机构。投资银行的做法是承销证券，即它们确保公司证券能够按照某一价格销售出去，之后再向公众推销这些证券。

在西方国家，一级市场又称证券发行市场、初级金融市场或原始金融市场。在一级市场上，需求者可以通过发行股票、债券取得资金。在发行过程中，发行者一般不直接同货币持有者进行交易，需要有中间机构办理，即证券经纪人。所以一级市场又是证券经纪人市场。

一级市场有以下几个主要特点：（1）发行市场是一个抽象市场，其买卖活动并非局限在一个固定的场所；（2）发行是一次性的行为，其价格由发行公司决定，并经过有关部门核准，投资人以同一价格购买股票。

二 级 市 场

二级市场（secondary Market）是有价证券的流通市场，是发行的有价证券进行买卖交易的场所。

二级市场为有价证券提供流动性。保持有价证券的流动性，是指证券持有者随时可以将手中的有价证券变现。如果证券持有者不能随时将自己手中的有价证券变现，会造成无人购买的情形，也正是因为能为有价证券的变现提供途径，二级市场同时可以为有价证券定价，来向证券持有者表明证券的市场价格。

二级市场与一级市场

已发行的股票一经上市，就进入二级市场。投资人根据自己的判断和需要买进和卖出股票，其交易价格由买卖双方来决定。二级市场与一级市场（初级市场）关系密切，既相互依存，又相互制约。初级市场所提供的证券及其发行的种类、数量与方式决定着二级市场上流通证券的规模、结构与速度，而二级市场作为证券买卖的场所，对初级市场起着积极的推动作用。组织完善、经营有方、服务良好的二级市场将初级市场上所发行的证券快速有效地分配与转让，使其流通到其他更需要、更适当的投资者手中，并为证券的变现提供现实的可能。

此外，二级市场上的证券供求状况与价格水平等都有力地影响着初级市场上证券的发行。因此，没有二级市场，证券发行不可能顺利进行，初级市场也难以为继，扩大发行则更不可能。

大盘与小盘

大盘一般指上证综合指数。由于股票基金主要投资股票，因此与股市关系密切，需经常关注上证综合指数。

各证券公司一般都有大盘显示，详细地列出了沪深两地所有股票的各种实时信息。我们要掌握市场的动向，首先就应该学会看大盘，通过这一方式入市操作。

首先在开盘时要看集合竞价的股价和成交额，看是高开还是低开，即是说，和昨天的收盘价相比价格是高了还是低了。它显示出市场的意愿，期待今天的股价是上涨还是下跌，成交量的大小则表示参与买卖的人的多少，它往往对一天之内成交的活跃程度有很大的影响。

然后在半小时内看股价变动的方向，一般来说，如果股价开得太高，在半小时内就可能会回落，如果股价开得太低，在半小时内就可能会回升。这时要看成交量的大小，如果高开又不回落，而且成交量放大，那么这个股票就可能要上涨。

我们看股价时，不仅看现在的价格，而且要看昨天的收盘价、当日开盘价、当前最高价和最低价、涨跌的幅度等，这样才能看出现在的股价是处在一个什么位置，是否有买入的价值，是在上升还是在下降之中。一般来说下降之中的股票不要急于买，而要等它止跌以后再买。上升之中的股票可以买，但要小心不要被它套住。一天之内股票往往要有几次升降的波动。你可以看你所要买的股票是否和大盘的走向一致，如果是的话，那么最好的办法就是盯住大盘，在股价上升到顶点时卖出，在股价下降到底时买入。虽然不能保证买卖的点位完全正确，但至少可以卖到一个相对的高价和买到一个相对的低价，而不会买一个最高价和卖一个最低价。通过买卖手数多少的对比可以看出是买方的力量大还是卖方的力量大，如果卖方的力量远远大于买方，则最好不要买。

小盘的定义是指流通市值在 A 股平均流通市值以下的股票。一般流通股本在 1 个亿以上的个股称为大盘股；5000 万至 1 个亿的个股称为中盘股；不到 5000 万规模的称为小盘股。

就市盈率而言，相同业绩的个股，小盘股的市盈率比中盘股高，中盘股要比大盘股高。特别在市场疲软时，小盘股机会较多。在牛市时大盘股和中盘股较适合大资金的进出，因此盘子大的个股比较看好。由于流通盘大，对指数影响大，往往成为市场调控指数的工具。投资者选择个股，一般熊市应选小盘股和中小盘股，牛市应选大盘股和中大盘股。

小盘股是相对而言的，从趋势角度来看，小盘股必将逐步向大盘股过渡，但小盘股的独特优势在某个阶段是显而易见的，有时甚至能左右大盘，这就是小盘股的外延。

开盘价、收盘价与成交量

开盘价指当日开盘后该股票的第一笔交易成交的价格，如果开市后 30 分钟内无成交价，即以目前的收盘价作为开盘价。

收盘价指当天成交的最后一笔股票的价格，也就是收盘价格，如当日没有成交，则采用最近一次的成交价格作为收盘价。因为收盘价是当日行情的标准，又是下一个交易日开盘价的依据，可据以预测未来证券市场行情。所以投资者对行情分析时，一般采用收盘价作为计算依据。

　　反映成交的数量多少，一般用成交股数和成交金额两项指标来衡量，即计算在每一价格上成交的股数有多少，或成交的金额有多大，并以此来衡量市场交易的活跃程度。

停　　牌

　　停牌是指股票由于某种消息或进行某种活动引起股价的连续上涨或下跌，由证券交易所暂停其在股票市场上进行交易。待情况澄清或企业恢复正常后，再复牌在交易所挂牌交易。

　　股票停牌的原因有多种，一般常见的原因如下：（1）上市公司有重要信息公布时，如公布年报、公布中期业绩报告、召开股东会、增资扩股、公布分配方案、重大收购兼并、投资以及股权变动等。（2）证券监管机关认为上市公司须就有关对公司有重大影响的问题进行澄清和公告时。（3）上市公司涉嫌违规，需要进行调查时。

涨（跌）停板

　　交易所规定股价一天中涨（跌）最大幅度为前一日收盘价的百分数，不能超过此限，否则自动停止交易。

价格股利率

　　价格股利率也称为股利与价格比率、股利产出率，反映股东持有的普通股按市价计算，实际获得的收益率，其计算方式如下：

价格股利率＝普通股每股现金股利/普通股每股市价。

该指标对期望定期获得较多现金股利的投资者十分重要，它反映股东持有的普通股按市价计算实际获得的收益率，将该指标与股票价格变动率相加，可合理地衡量当期普通股东投资的总报酬。

投资报酬率

投资报酬率又称为投资回报率（Return On Investment，ROI）。投资报酬率是指通过投资而应返回的价值，即企业从一项投资性商业活动的投资中得到的经济回报，它涵盖了企业的获利目标、利润和投入经营所必备的财产相关，因为管理人员必须通过投资和现有财产获得利润。投资报酬率亦称"投资的获利能力"，是全面评价投资中心各项经营活动、考评投资中心业绩的综合性质量指标。它既能揭示投资中心的销售利润水平，又能反映资产的使用效果。

投资报酬率的计算公式为：投资报酬率＝营业利润÷营业资产（或投资额），其中营业利润是指"息税后盈利"，营业资产则包括企业经营业务的全部资产，计算时应以期初和期末的平均余额为准。

股价指数

股价指数是运用统计学中的指数方法编制而成的，反映股市总体价格或某类股价变动和走势的指标。

根据股价指数反映的价格走势所涵盖的范围，可以将股价指数划分为反映整个市场走势的分类指数。例如，恒生指数反映的是香港股市整体走势。

编制股价指数时，通常采用以过去某一时刻（即基期）的部分有代表性的或全部上市公司的股票行情状况为标准参照值（100％），将当期部分有代表性的或全部上市公司的股票行情状况与标准参照值相比的方法。具体计算时多用算术平均数法和加权平均数法。

算术平均数法：将采样股票的价格相加后除以采样股票种类数，计算得出股票价格的平均数。公式如下：股票价格算术平均数＝(采样股票每股股票价格总和)÷(采样股票种类数)，将计算出来的平均数与同法得出的基期平均数相比后求百分比，得出当期的股票价格指数，即：股票价格指数＝(当期股价算术平均数)÷(基期股价算术平均数)×100％。

加权平均数法：以当期采样股票的每种股票价格乘以当期发行数量的总和作为分子，以基期采样股票每股价格乘以基期发行数量的总和作为分母，所得百分比即为当期股票价格指数，即：股票价格指数＝Σ[(当期每种采样股票价格×已发行数量)]÷[Σ(基期每种采样股票价格×已发行数量)]×100％。

评级机构

信用评级机构为公司债券等证券打分或者评级，他们的主要工作就是评估风险，从而决定债券发行人是否能向投资人偿付所承诺的本金和利息。考虑因素包括发行人的财务健康状况、金融市场的一般情况以及发行人与之有业务往来的其他公司的财务情况等。被评为最佳质量的债券或者其他证券，例如 AAA 级，通常支付的利息低于风险更大、品质更低的债券。因此，当所发行的证券获得高评级，发行人就节约了成本。

在次贷危机中，许多抵押担保证券的风险远远高于它们各自的评级，导致众多评级机构备受批评。一些专家认为评级机构已经尽其最大努力来评估那些缺少历史数据的新型证券。而批评者则指出，评级机构有财务上的动力来满足那些为其评级付款的发行人，因为评级机构与这些公司之间经常还有其他有利可图的业务往来。

三大评级机构

在国际资本市场，以穆迪投资者服务公司（Moody's Investors Service）、标准普尔（Standard&Poor's）和惠誉国际（Fitch IBCA，2002 年 1 月 29 日更名为 Fitch Ratings）为代表的三大信用评级公司，一直扮演着守护投资者利益的"看门狗"角色。"穆迪"擅长主权国家评级；"标准普尔"擅长企业评级；"惠誉国际"擅长金融机构与资产证券化评级。历史上的金融危机是促进信用评级发展的重要因素。"三大公司"尽管成立时间各不同，但业务发展均起步于 20 世纪初的美国铁路公司倒闭事件，并在 20 世纪 30 年代经济大萧条时期发展壮大。

上证股价指数

上证股价指数最初是中国工商银行上海分行信托投资公司静安证券业务部根据上海股市的实际情况，参考国外股价指标的生成方法编制而成的。上证指数以1990年12月19日为基期，1991年7月15日开始公布。

上证股价指数以上海股市的全部股票为计算对象，计算公式如下：

股票指数＝（当日股票市价总值÷基期股票市价总值）×100。

由于采取全部股票进行计算，因此，上证指数可以较为贴切地反映上海股价的变化情况。

深圳股价指数

深圳股价指数由深圳证券交易所编制。它以1991年4月3日为基期，以在深圳证券交易所上市交易的全部股票为计算对象，用每日各种股票的收盘价分别乘以其发行量后求和得到的市价总值，除以基期市价总值后乘以100求得，是反映深圳股价变动的有效统计数字。

新股从上市第二天开始列入计算对象。当某一股票暂停买卖时，便将其剔除于计算之外。当某股票的数量与结构发生变化时，则以变动之日为新基期数计算，并用"连锁"方法将计算得到的指数追溯到原有基期，以保持指数的连续性。"连锁"追溯计算公式如下：

当日即时指数＝上日收市指数×（当日即时总市值÷上日收市总市值）。

其中，当日即时总市值为各成分股市值与该股发行股数乘积的总和；上日收市总市值是根据上日成分股的股本或成分股的变动作调整后计算的总市值。

标准普尔股票价格指数

标准普尔股票价格指数在美国很有影响，它是由美国最大的证券研究机构——标准普尔公司编制的股票价格指数。该公司于1923年开始编制发表股票价格指数，最初采选了230种股票，编制两种股票价格指数。到1957年，这一股票价格指数的范围扩大到500种股票，分成95种组合。其中最重要的四种组合是工业股票组、铁路股票组、公用事业股票组和500种股票混合组。从1976年7月1日开始，改为40种工业股票、20种运输业股票、40种公用事业类股票和40种金融业股票。几十年来，虽然股票更迭厉害，但其始终保持为500种。标准普尔公司股票价格指数以1941年至1993年抽样股票的平均市价为基期，以上市股票数为权数，按基期进行加权计算，其基点数为10。以目前的股票市场价格乘以股票市场上发行的股票数量为分子，以基期的股票市场价格乘以基期股票数为分母，相除的得数再乘以10就是股票价格指数。

道·琼斯股票指数

道·琼斯股票指数是世界上历史最为悠久的股票指数，它的全称为股票价格平均数。它是在1884年由道·琼斯公司的创始人查理斯·道开始编制的。其最初的股票价格平均指数是根据11种具有代表性的铁路公司的股票，采用算术平均法进行计算编制而成的，发表在查理斯·道自己编辑出版的《每日通讯》上。其计算公式为：股票价格平均数＝入选股票的价格之和/入选股票的数量。

自1887年起，道·琼斯股票价格平均数开始分成工业与运输业两大类，其中工业股票价格平均指数包括12种股票，运输业平均指数则包括20种股票，并且开始在道·琼斯公司出版的《华尔街日报》上公布。1929年，道·琼斯股票价格平均指数又增加了公用事业类股票，使其所包含的股票达到65种，并一直延续至今。

现在的道·琼斯股票价格平均指数是以1928年10月1日为基数，因为这一天收盘时的道·琼斯股票价格平均指数恰好约为100美元，所以就将其定为基准日。而以后股票价格同基期相比计算出的百分数，就成为各期的股票价格指数，现在的股票指数普遍用"点"作单位，而股票指数每一点的涨跌就是相对于基数日的涨跌百分数。

《金融时报》股票指数

《金融时报》股票指数的全称是"伦敦《金融时报》工商业普通股股票价格指数"，由伦敦证券交易所编制，并在《金融时报》上发布。根据样本股票的种数，金融时报股票指数分为30种股票指数、100种股票指数和500种股票指数等三种指数。目前常用的是金融时报工业普通股票指数，其成分股由30种代表性的工业公司的股票构成，最初以1935年7月1日为基期，后来调整为以1962年4月10日为基期，基期指数为100，采用几何平均法计算。该股票价格指数以能够及时显示伦敦股票市场情况而闻名于世。

日经股票指数

日经股票价格指数由日本经济新闻社于 1950 年 9 月开始编制并公布，用以反映日本股票市场价格变动的股票价格指数。

日经指数按采样数目的不同，分为两类：一是日经 225 指数，包括 225 种在东京股票交易所第一市场上市的股票，样本选定后原则上不再更改。另一类是日经 500 指数，于 1982 年 1 月 4 日开始编制，样本股有 500 只，并且每年 4 月份根据上市公司的经营状况、成交量、成交金额和市价总值等因素进行更换。

由于日本经济在世界经济中占有特殊的地位，日经指数日益为世界金融市场所重视。

恒 生 指 数

恒生指数是香港股市中历史最久的一种股价指数。恒生指数由香港恒生银行全资附属的恒生指数服务有限公司编制，是以香港股票市场中的 33 家上市股票为成分股样本，以其发行量为权数的加权平均股价指数，是反映香港股市价格趋势最有影响的一种股价指数。该指数于 1969 年 11 月 24 日首次公开发布，基期为 1964 年 7 月 31 日，基期指数定为 100。

恒生指数的成分股具有广泛的市场代表性，其总市值占香港联合交易所市场资本额总和的 90% 左右。为了进一步反映市场中各类股票的价格走势，恒生指数于 1985 年开始公布四个分类指数,把 33 种成分股分别纳入工商业、金融、地产和公共事业四个分类指数中。

国企指数

国企指数全称为"恒生中国企业指数",又称 H 股指数,是由香港恒生指数服务有限公司编制和发布的。该指数以所有在"香港联合交易所有限公司(联交所)"上市的中国 H 股公司股票为成分股计算得出的加权平均股价指数。国企指数于 1994 年 8 月 8 日首次公布,以上市 H 股公司数目达到 10 家的日期,即 1994 年 7 月 8 日为基数日,当日收市指数定为 1000 点。设立国企指数的目的,是为投资者提供一个反映在香港上市的中国企业的股价表现的指标。该指数的计算公式与恒生指数相同。指数追溯计算至 1993 年 7 月 6 日,亦即首家中国企业在联交所上市的日期。

纳斯达克

纳斯达克(NASDAQ)是全美证券商协会自动报价系统,即 National Association of Securities Dealers Automated Quotation 的英文缩写,但目前已成为纳斯达克股票市场的代名词。信息和服务业的兴起催生了纳斯达克。纳斯达克始建于 1971 年,是一个完全采用电子交易、为新兴产业提供竞争舞台、自我监管、面向全球的股票市场,纳斯达克是全美也是世界最大的股票电子交易市场。目前的上市公司有 5200 多家,纳斯达克又是全世界第一个采用电子交易的股市,它在 55 个国家和地区设有 26 万多个计算机销售终端。

纳斯达克指数是反映纳斯达克证券市场行情变化的股票价格平均指数，基本指数为 100。纳斯达克的上市公司涵盖所有新技术行业，包括软件和计算机、电信、生物技术、零售和批发贸易等。世人瞩目的微软公司便是通过纳斯达克上市并获得成功的。

纳斯达克股票市场是世界上主要的股票市场中成长速度最快的市场，而且它是首家电子化的股票市场，每天在美国市场上换手的股票中有超过半数的交易在纳斯达克上进行的，有将近 5400 家公司的证券在这个市场上挂牌。

美 元 指 数

美元指数（US Dollar Index，简称 USDX），类似于显示美国股票综合状态的道·琼斯工业平均指数，美元指数显示的是美元的综合值，是一种衡量各种货币强弱的指标。

出人意料的是，美元指数并非来自芝加哥期货交易所（CBOT）或是芝加哥商业交易所（CME），而是出自纽约棉花交易所（NYCE）。纽约棉花交易所建立于 1870 年，初期由一群棉花商人及中介商组成，目前是纽约最古老的商品交易所，也是全球最重要的棉花期货与选择权交易所。1985 年，纽约棉花交易所成立了金融部门，正式进军全球金融商品市场，首先推出的便是美元指数期货。

美元指数中使用的外币和权重与美国联邦储备局的美元交易加权指数一样，因为美元指数只是以外汇报价指标为基础，所以它可能由于使用不同的数据来源而有所不同。

股　　票

股票是由股份公司发行给股东，证明其股权，并作为分配股利和剩余财产的依据。它是对股份公司具有所有权的凭证，可以自由买卖或者作为抵押品。股票有多种分类：一是按股东的权利和义务，分为普通股和优先股；二是按票面是否记名，分为记名股票和不记名股票；三是按票面是否标明金额，分为面额股票和无面额股票。

我国股票还有以下分类：（1）按投资主体，分为国家股、法人股、个人股、外资股；（2）按股本筹集方式，可分为公开股、内部股；（3）按上市地点，可分为A股、B股、H（香港）股、N（纽约）股和S（新加坡）股。

国家股和个人股

国家股是指以国有资产向有限公司投资形成的股权。国家股一般是指国家投资或国有资产经过评估，并经国有资产管理部门确认的国有资产折成的股份。国家股的股权所有者是国家，国家股的股权由国有资产管理机构或其授权单位、主管部门行使。国家股股权也包含国有企业向股份有限公司形式改制变更时，现有国有资产折成的股份。

我国国家股的构成，从资金来源看，主要包括三部分：国有企业由国家计划投资所形成的固定资产，国拨流动资金和各种专用拨款；各级政府的财政部门、经济主管部门对企业的投资所形成的股份；原有行政性公司的资金所形成的企业固定资产。国家有三种持股策略方式，即控制企业100%

的股份，控制企业 50％以上的股份，控制企业 50％以下的股份。国家控股程度，通常因企业与国计民生的关切程度不同而异。国家股股权的转让，应该按照国家的有关规定进行。

个人股股票是指个人出资认购的股份公司的股票。个人股的掌控和操作完全由个人支配，风险也由个人承担。

绩 优 股

绩优股就是业绩优良的公司的股票，也叫"蓝筹股"。但对于绩优股的定义，国内外有所不同。在我国，投资者衡量绩优股的主要指标是每股税后利润和净资产收益率。一般而言，每股税后利润在全体上市公司中处于中上地位，公司上市后净资产收益率连续三年显著超过 10％的股票当属绩优股之列。在国外，绩优股主要指的是业绩优良且比较稳定的大公司股票。这些大公司经过长时间的努力，在行业内达到了较高的市场占有率，形成了经营规模优势，利润稳步增长，市场知名度很高。

绩优股具有较高的投资回报和投资价值。其公司拥有资金、市场、信誉等方面的优势，对各种市场变化具有较强的承受和适应能力，绩优股的股价一般相对稳定且呈长期上升趋势。因此，绩优股总是受到投资者，尤其是从事长期投资的稳健型投资者的青睐。

蓝 筹 股

蓝筹股（Blue Chip），亦作绩优股、实力股，指那些经营管理良好，创利能力稳定、连年回报股东的公司股票。这类公司在行业景气和不景气时都有能力赚取利润，风险较小。蓝筹股在市场上受到追捧，因此价格较高。

"蓝筹"一词源于西方赌场。在西方赌场中，有三种颜色的筹码，其中蓝色筹码最为值钱，红色筹码次之，白色筹码最差。投资者把这些行话套用到股票。美国通用汽车公司、埃克森石油公司和杜邦化学公司等股票，都属于"蓝筹股"。

红筹股

红筹股（Red Chip）这一概念诞生于20世纪90年代初期的香港股票市场。中华人民共和国在国际上有时被称为"红色中国"，相应地，中国香港和国际投资者把在境外注册、在中国香港上市的那些带有中国大陆概念的股票称为红筹股。

对红筹股的具体定义，一种观点认为应按业务范围来区分：如某上市公司的主要业务在中国大陆，其盈利大部分来自该业务，那么，这只在中国境外注册、在中国香港上市的股票，就是红筹股。另一种观点认为应按权益多少来区分：如某上市公司股东权益大部分直接或间接来自中国大陆，也就是为中资所控股，那么，这只在中国境外注册、在中国香港上市的股票，才算红筹股。恒生红筹股指数1997年开始编制时，就是按照这一标准来划定的。

后来，有人将红筹股做了更严格的定义：必须是母公司在港注册，接受香港法律约束并在香港上市的中资企业才称为红筹股。通常上述几种范围的股票都被投资者视为红筹股。

在香港最为有名的红筹股有：中信泰富、粤海投资、招商局海虹、上海实业，以及不久前上市的深业控股和北京控股等。

A 股

A股的正式名称是人民币普通股票，是由我国境内的公司发行，供境内机构、组织或个人（不含台、港、澳投资者），以人民币认购和交易的普通股股票。我国A股股票市场经过十几年快速发展，已经初具规模。A股不是实物股票，以无纸化电子记账，实行"T+1"交割制度，有涨跌幅（10%）限制，参与投资者为中国大陆机构或个人。

中国银行、中国国航已经回归A股，中国人寿也已上市，工商银行历史性地创造了"A+H"同步发行、同步上市的模式，并且将存量资产留在A股市场。在最近几年中，建设银行、交通银行、中石油、中海油、中国电信、中国网通、中移动、中国铝业、中国财险、神华能源、中国远洋等都将回归A股。

B 股

B股的正式名称是人民币特种股票，是以人民币标明面值，以外币认购和买卖，在境内（上海、深圳）证券交易所上市交易的外资股。B股公司的注册地和上市地都在境内（深、沪证券交易所），只不过投资者在境外或在中国香港、澳门及台湾地区。2001年我国开放境内个人居民B股投资。

H 股、N 股、S 股

H 股也称国企股，指注册地在内地、上市地在中国香港的外资股。因为香港英文名称为 Hong Kong，故以首字母 H 而得名 H 股。H 股为实物股票，实行"T＋0"交割制度，无涨跌幅限制。

中国地区机构投资者可以投资于 H 股，大陆地区个人目前尚不能直接投资于 H 股。在天津，个人投资者可以在中国银行各银行网点开办"港股直通车"业务而直接投资于 H 股。但是，国务院目前尚未对此项业务最后开闸放水。个人直接投资于 H 股尚需时日，国际资本投资者可以投资 H 股。

N 股，是指那些在中国大陆注册、在纽约上市的外资股。

S 股在我国是指尚未进行股权分置改革或者已进入改革程序但尚未实施股权分置改革方案的股票，在股名前加 S，此标记从 2006 年 10 月 9 日起启用，日涨跌幅仍为上下 10%（ST 股为 5%）。从 2007 年 1 月 8 日起，日涨跌幅调整为上下 5%。

ST 股

ST 是英文 Special Treatment 的缩写，意即"特别处理"。1998 年 4 月 22 日，沪深交易所宣布，对财务状况或其他状况出现异常的上市公司股票交易进行特别处理，因此这类股票称为 ST 股。在上市公司的股票交易被实行特别处理期间，其交易应遵循下列规则：(1) 股票报价日涨跌幅限制为5％；（2）股票名称改为原股票名前加"ST"，例如"ST钢管"；（3）上市公司的中期报告必须经过审计。由于对ST股票实行日涨跌幅度限制为5％，也在一定程度上抑制了庄家的刻意炒作。投资者对于特别处理的股票也要区别对待，具体问题具体分析：有些ST股主要是经营性亏损，那么在短期内很难通过加强管理扭亏为盈；有些ST股是由于特殊原因造成了亏损，或者有些ST股正在进行资产重组，那么这些股票往往潜力巨大。值得注意的是，"特别处理"并不是对上市公司的处罚，而只是对上市公司目前所处状况的一种客观揭示，其目的在于向投资者提示市场风险，引导投资者进行理性投资，如果公司异常状况消除，可以恢复正常交易。

一线股与二线股

一线股指股票市场上价格较高的一类股票，这些股票业绩优良或具有良好的发展前景，股价领先于其他股票。一些高成长股，如我国证券市场上的一些高科技股，由于投资者对其发展前景充满憧憬，它们也位于一线股之列。一线股享有良好的市场声誉，为机构投资者和广大中小投资者所熟知。

二线股是价格中等的股票。这类股票在市场上数量最多。二线股的业绩参差不齐，但从整体上看，它们的业绩也同股价一样，在全体上市公司中居中游。

优先股

优先股是相对于普通股而言的，主要指在利润分红及剩余财产分配的权利方面，优先于普通股。这是公司的一种股份权益形式。持有这种股份的股东先于普通股股东享受分配，通常为固定股利。优先股收益不受公司经营业绩的影响。其主要特征有：享受固定收益、优先获得分配、优先获得公司剩余财产的清偿、无表决权。除了这些本质特征外，发行人为了吸引投资者或保护普通股东的权益，对优先股附加了很多定义，如可转换概念、优先概念、累计红利概念等。在表达优先股时，美英两国的习惯差异甚大。美国多简单地使用形容词"Preferred"，表示优先股，有时在后边加入名词"Stock"；而英国多使用"Preference"，习惯加名词"Share"。

优先股通常预先定好股息收益率。由于优先股股息率事先固定，所以优先股的股息一般不会根据公司经营情况而增减，而且一般也不能参与公司的分红，但优先股可以先于普通股获得股息，对公司来说，由于股息固定，它不影响公司的利润分配。二是优先股的权利范围小。优先股股东一般没有选举权和被选举权，对股份公司的重大经营无投票权，但在某些情况下可以享有投票权。

配股

配股是上市公司向原股东发行新股、筹集资金的行为。按照惯例，公司配股时新股的认购权按照原有股权比例在原股东之间分配，即原股东拥有优先认购权。

配股的一大特点，就是新股的价格是按照发行公告发布时的股票市价做一定的折价处理来确定的。所折价格是为了鼓励股东出价认购。当市场环境不稳定的时候，确定配股价是非常困难的。在正常情况下，新股发行的价格按发行配股公告时股票市场价格折价10%～25%。理论上的除权价格是增股发行公告前股票与新股的加权平均价格，它应该是新股配售后的股票价格。配股不是分红。

新　　股

新股指的是刚发行上市的股票。投资者持有上市流通股票的市值，指按发行公告确定的交易日登记在投资者股票账户内的各已上市流通人民币普通股（即A股）的数量乘以该日各股票收盘价的总和，包括可流通但暂时锁定的股份市值。

期　　权

期权亦叫期权合约，期权合约是以金融衍生产品作为对象的交易合约，指在特定时间内以特定价格买卖一定数量交易品种的权利。合约买入者或持有者以支付保证金——期权费的方式拥有权利；合约卖出者或立权者收取期权费，在买入者希望行使权利时，他必须履行义务。期权交易为投资行为的辅助手段，当投资者看好市场时会持有认购期权，而当他看淡市场时则会持有认沽期权。期权交易充满了风险，一旦市场朝着合约相反的方向发展，就可能给投资者带来巨大的损失。实际操作过程中，绝大多数合约在到期之前已被平仓（此处指的是美式期权，欧式期权则必须到合约到期日执行）。

期权主要有如下几个构成因素：（1）执行价格（又称履约价格，敲定价格），即期权的买方行使权利时事先规定的标的物的买卖价格。（2）权利金，期权的买方支付的期权价格，即买方为获得期权而付给期权卖方的费用。（3）履约保证金，即期权卖方必须存入交易所用于履约的财力担保。（4）看涨期权和看跌期权。看涨期权，是指在期权合约有效期内按执行价格买进一定数量标的物的权利；看跌期权，是指卖出标的物的权利。当期权买方预期标的物价格会超出执行价格时，他就会买进看涨期权，相反就会买进看跌期权。

每一期权合约都包括四个特别的项目：标的资产、期权行使价、数量和行使时限。

期　　货

期货（Futures），通常指期货合约，是由期货交易所统一制定的、规定在将来某一特定的时间和地点交割一定数量标的物的标准化合约。这个标的物，可以是某种商品，也可以是某个金融工具，还可以是某个金融指标。

期货合约的买方，如果将合约持有到期，那么他有义务买入期货合约对应的标的物；而期货合约的卖方，如果将合约持有到期，那么他有义务卖出期货合约对应的标的物，期货合约的交易者还可以选择在合约到期前进行反向买卖来冲销这种义务。广义的期货概念还包括了交易所交易的期权合约。大多数期货交易所同时上市期货与期权品种。

股 指 期 货

股指期货是以股票指数为交易标的的期货合约，是股票市场发展到一定阶段的必然产物。具体来讲，股指期货是基于股票的衍生产品，具有发现价格和套期保值的基本功能。

与股票相比，股指期货具有以下三个特点：一是实行当日无负债结算制度，即每天根据期货交易所公布的结算价格对投资者持仓的盈亏状况进行资金清算和划转。二是到期必须履约，股指期货合约不能像股票一样长期持有。三是从理论上讲，如果上市公司能够持续盈利，股票投资者有可能长期获得投资收益，而股指期货只是将风险进行转移。

与其他期货品种一样，股指期货具有价格发现和套期保值的基本功能。由于股票指数反映了股票市场的整体价格水平，股指期货则代表了投资者对未来股票指数较为一致的预期，加之股指期货具有双向交易、流动性好、交易杠杆高、交易成本低、对市场信息反应灵敏等优势，股指期货交易是可以为投资者提供有效的发现股票市场价格、管理股票市场价格风险的工具。

建仓、平仓

期货交易的全过程可以概括为建仓、持仓、平仓或实物交割。建仓也叫开仓，是指交易者新买入或新卖出一定数量的期货合约。在期货市场上买入或卖出一份期货合约相当于签署了一份远期交割合同。如果交易者将这份期货合约保留到最后交易日结束，他就必须通过实物交割或现金清算来了结这笔期货交易。然而，进行实物交割的是少数，大部分投机者和套期保值者一般都在最后交易日结束之前择机将买入的期货合约卖出，或将卖出的期货合约买回。即通过一笔数量相等、方向相反的期货交易来冲销原有的期货合约，以此了结期货交易，解除到期进行实物交割的义务。这种买回已卖出合约，或卖出已买入合约的行为就叫平仓。建仓之后尚没有平仓的合约，叫未平仓合约或者未平仓头寸，也叫持仓。交易者建仓之后可以选择两种方式了结期货合约：要么择机平仓，要么保留至最后交易日并进行实物交割。

平仓可分为对冲平仓和强制平仓，对冲平仓是期货投资企业在同一期货交易所内通过买入或卖出相同交割月份的期货合约，用以了结先前卖出或买入的期货合约。强制平仓是指仓位持有者以外的第三人（期货交易所或期货经纪公司）强行了结仓位持有者的仓位，又称为被斩仓或被砍仓。

在期货交易中发生强行平仓的原因较多，譬如客户未及时追加交易保证金、违反交易头寸限制等违规行为，或政策或交易规则临时发生变化等。而在规范的期货市场上，最为常见的当属因客户交易保证金不足而发生的强行平仓。具体而言，是指在客户持仓合约所需的交易保证金不足，而其又未能按照期货公司的通知及时追加相应保证金或者主动减仓，且市场行情仍朝持仓不利的方向发展时，期货公司为避免损失扩大而强行平掉客户部分或者全部仓位，将所得资金填补保证金缺口的行为。

在交易过程中，期货交易所按规定采取强制平仓措施，其发生的平仓亏损，由会员或客户承担。实现的平仓盈利，如属于期货交易所因会员或客户违规而强制平仓的，由期货交易所计入营业外收入处理，不再划给违规的会员或客户；

如因国家政策变化及连续涨、跌停板而强制平仓的，则应划给会员或客户。

爆　　仓

爆仓通常指的是在透支投资后，亏损额超过了自有资金。由于行情变化过快，投资者在没来得及追加保证金的时候，账户上的保证金已经不能够维持原来的合约，这种因保证金不足而被强行平仓所导致的保证金"归零"的现象，俗称"爆仓"。

所谓"穿仓"是指客户账户上客户权益为负值的风险状况，即客户不仅将开仓前账户上的保证金全部亏掉，而且还倒欠期货公司的钱，也称"爆仓"。

正常情况下，在逐日清算制度及强制平仓制度下，爆仓是不会发生的。然而在有些特殊情况下，比如在行情发生跳空变化时，持仓头寸较多且逆方向的账户就很可能会爆仓。

发生爆仓时，投资者需要将亏空补足，否则会面临法律责任的追究。为避免这种情况的发生，需要特别控制好仓位，切忌像股票交易那样满仓操作。并且对行情进行及时跟踪，不能像股票交易那样一买了之，因此期货实际并不适合任何投资者来做。

私　　募

私募，顾名思义，是与"公募"相对应的。公募基金，即我们生活中常见到的开放式或封闭式基金，特点是面对大众公开募集资金，国内的入门起点一般是1000元或1万元人民币等。而私募属于"富人"基金，入门的起点都比较高，国内的起点一般为50万元、100万元人民币，甚至更高，基金持有人一般不超过200人。大型的私募往往通过信托公司募集，一般投资者很难加入其中。不过，总是躲在幕后的私募基金机构无疑是投资理财市场最耀眼的明星，其投资业绩普遍都高于公募基金。基金、券商集合理财等与之相比，简直不值一提。

私募游资作为市场上嗅觉最灵敏的资金集团之一，在市场中拥有巨大的号召力，故精准、暴利、神秘，也是私募的代名词。

牛市（多头市场）

所谓"牛市"（Bull Market），也称多头市场，指的是证券市场行情普遍看涨，延续时间较长的大升市。此处的证券市场，泛指常见的股票、债券、期货、期权（选择权）、外汇、基金、可转让定存单、衍生性金融商品及其他各种证券。其他一些投资和投机性市场，也可用牛市来表述，如房市、邮（票）市、卡市等。

熊市（空头市场）

熊市，也叫"空头市场"，指的是股市行情萎靡不振、交易萎缩、指数一路下跌的态势。比如，2001年7月到2002年年底，就是典型的熊市特征。这段时间管理层频频出台有利政策来救市，但股市仍然下跌，成交额屡屡缩小，无热点板块炒作，入市人数减少。

华尔街关于熊市判断标准如下：与最近的顶部最高水平相比，已经下跌了20%以上，即进入熊市。比如，2008年7月10日，标准普尔500指数与其去年10月份的最高水平相比，已经下跌了20%以上，此举表明其已经开始陷入了所谓的"熊市"境地。

平 衡 市

牛市、熊市、平衡市是证券市场的三种趋势。平衡市，是指多头和空头力量大致相当，在一定时间内，证券价格在一定范围内上下波动，呈现水平趋势。一般相伴随的是成交量逐渐缩小，直到突破，或称"箱体运行"。

对于炒家来说，出现这种市况期间是招兵买马、重整旗鼓的大好时机。平衡市的特点如下：（1）一般在平衡市中，上涨和下跌的幅度较小。（2）在平衡市中一般很难出现龙头板块领涨，只会有一些前期的强庄股会出现反复拉涨的情况。（3）大盘不会永远在平衡市中维持，早晚会出现方向性选择，在选择时常常会伴随利好或者利空的消息出台。

证 券

证券是多种经济权益凭证的统称，用来证明持券人有权按其券面所载内容取得应有权益的书面证明。按证券性质不同可将其分为证据证券、凭证证券和有价证券。人们通常所说的证券即有价证券。

有价证券是一种具有一定票面金额，证明持券人有权按期取得一定收入，并可自由转让和买卖的所有权或债权证书。钞票、邮票、印花税票、股票、债券、国库券、商业本票、承兑汇票、银行定期存单等，都是有价证券。但一般市场上说的证券交易，应该特指证券法所规范的有价证券，钞票、邮票、印花税票等，就不在这个范围内了。证券交易被限缩在证券法所说的有价证券范围之内。

国务院证券委和中国证监会

改革开放以来，随着中国证券市场的发展，建立集中统一的市场监管体制势在必行。1992年10月，国务院证券委员会（简称国务院证券委）和中国证券监督管理委员会（简称中国证监会）宣告成立，标志着中国证券市场统一监管体制开始形成。国务院证券委是国家对证券市场进行统一宏观管理的主管机构。中国证监会是国务院证券委的监管执行机构，依照法律法规对证券市场进行监管。

国务院证券委和中国证监会成立以后，其职权范围随着市场的发展逐步扩展。1993年11月，国务院决定将期货市场的试点工作交由国务院证券委负责，中国证监会具体执行。1995年3月，国务院正式批准《中国证券监督管理委员会机构编制方案》，确定中国证监会为国务院直属副部级事业单位，是国务院证券委的监管执行机构，依照法律、法规的规定，对证券期货市场进行监管。1997年8月，国务院决定，将上海、深圳证券交易所统一划归中国证监会监管，同时，在上海和深圳两市设立中国证监会证券监管专员办公室；11月，中央召开全国金融工作会议，决定对全国证券管理体制进行改革，理顺证券监管体制，对地方证券监管部门实行垂直领导，并将原由中国人民银行监管的证券经营机构划归中国证监会统一监管。

证券交易所

证券交易所，是依据国家有关法律，经政府证券主管机关批准设立的集中进行证券交易的有形场所，在我国有四个：上海证券交易所、深圳证券交易所、香港交易所、台湾证券交易所。

通常情况下，证券交易所组织有下列特征：（1）证券交易所是由若干会员组成的一种非营利性法人。构成股票交易的会员都是证券公司，其中有正式会员，也有非正式会员。（2）证券交易所的设立须经国家的批准。（3）证券交易所的决策机构是会员大会（股东大会）及理事会（董事会）。其中，会员大会是最高权力机构，决定证券交易所的基本方针；理事会是由理事长及理事若干名等组成的协议机构，制订为执行会员大会决定的基本方针所必需的具体方法，并制订各种规章制度。（4）证券交易所的执行机构有理事长及常任理事。

买空、卖空、跳空

在买空交易中，如果投资者认定某一证券价格将上升，想多买一些该证券，但手头资金又不足时，可以通过交纳保证金，向证券商借入资金从而买进证券，等待价格涨到一定程度时，再卖出以获取价差。由于在这一交易方式中，投资人以借入资金买进证券，而且要作为抵押物放在经纪人手中，投资人手里既无足够的资金，也不持有证券，所以称为

"买空交易"。

"买空"亦称"多头交易",是"卖空"的对称,是指交易者利用借入的资金,在市场上买入期货,以期将来价格上涨时,再高价抛出、从中获利的投机活动。

在现代证券市场上,买空交易一般都是利用保证金账户来进行的。当交易者认为某种股票的价格有上涨的趋势时,他通过交纳部分保证金,向证券公司借入资金购买该股票期货,买入的股票,交易者不能拿走,它将作为货款的抵押品,存放在证券公司。如以后该股票价格果然上涨,当上涨到一定程度时,他又以高价向市场抛售,将所得的部分款项归还证券公司以偿还贷款,从而结束其买空地位。交易者通过买入和卖出的两次交易的价格差,从中取得收益。当然,如果市场股价的走向与交易者的预测相背,那么买空者非但无利可图,还将遭受损失。

卖空又叫"做空"、"空头",即高抛低补。当股票投资者对某种股票价格看跌时,便从经纪人手中借入该股票抛出,在发生实际交割前,将卖出股票如数补进,交割时,只结清差价。若日后该股票价格果然下落时,再用更低的价格买进股票,归还经纪人,从而赚取中间差价。

卖空者经营卖空时所卖的股票源主要有三个:其一是自己的经纪人,其二是信托公司,其三是金融机构。

跳空在日语中叫"窗口",英语是"Gap",是指汇率在快速波动时产生的曲线的最低价与曲线的最高价之间有断层。有人说"跳空"迟早会被填补,这并非是绝对的,需要从图形上加以区别对待:有的跳空具有技术意义,有的则很一般,这要从跳空的部位、大小来判断市场趋势之强弱和真假之突破。

股价受利多或利空影响后，出现较大幅度上下跳动的现象。当股价上涨时，交易所内当天的开盘价或最低价高于前一天收盘价的两个申报单位以上，则称"跳空而上"。当股价下跌时，当天的开盘价或最高价低于前一天收盘价的两个申报单位以上，则称"跳空而下"。或者，在一天的交易中，上涨或下跌超过一个申报单位，也称"跳空"，跳空通常在股价大变动的开始或结束前出现。

缩　　量

缩量主要是说市场里的各投资者和机构看法基本一致，大家朝一个方向看时，没有人卖（或买），这样造成了有股票的不卖，没股票的买不到，自然也就没量了。

这里面又分两种情况：一是，市场人士都十分看淡市场，造成只有人卖，却没有人买，所以急剧缩量；二是，市场人士都对市场十分看好，只有人买，却没有人卖，所以也急剧缩量。

放　　量

放量是说成交量比前一段时间成交量明显放大。

例如，昨天全天的成交量是1亿，今天忽然变成4亿了，就是放量。如果今天变成了1.1亿，就不算。放量是相对而言的，昨天1亿，今天变成1.5亿，你也可以说它放量了。

放量分相对放量和持续放量。相对放量：今天与昨天比，本周与上周比；持续放量：最近几天和前一段时间的某天的量做比较。

底部堆量

"堆量"是一个股票价格上行的先行信号。底部堆量概念属底部放量范畴之内,具体来讲,就是一只个股在长期盘底之后,成交量突破,出现一个类似于"小山堆"一样的放量形态,这种放量形态,可称作"堆量"。个股出现底部的堆量现象,证明有实力机构介入,但不意味着投资者马上可以介入。成交量形态要同股价形态结合看,一般股价在底部出现堆量之后,股价会随量上升,量缩时股价可以适量调整,但是,如果出现大幅的股价调整,说明该股市场抛压仍然较大。如果该主力进行堆量后发现市场抛压大,往往采取以下方式:(1)持股不动等待时机。(2)认赔出局。所以对投资者来说,"堆量"之后一定要注意股价是否出现大幅调整,不要盲目介入。一般在堆量之后股价出现强势调整,后市强势上扬的机会较大。

总 市 值

总市值是指在某特定时间内总股本数乘以当时股价得出的股票总价值。沪市所有股票的市值就是沪市总市值;深市所有股票的市值就是深市总市值。如某股票总股本为96417,当时价格为28.51元,它的总市值就是:96417×28.51＝274.88万元。

流通市值

流通市值指的是在某特定时间内当时可交易的流通股股数乘以当时股价得出的流通股票总价值。在我国，上市公司的股份结构中分国有股、法人股、个人股等，目前公众股可以上市流通交易。这部分流通的股份总数乘以股票市场价格，就是流通市值。如某股份，流通股为6496万股，2006年4月13日收市价为7.11元，它的流通市值为：6496×7.11＝46186.56万元。

总市值与流通市值的区别：总市值就是以目前股票市价乘以总股本，流通市值是以目前股票市价乘以流通股本。

对冲基金

对冲基金（Hedge Funds），也称避险基金或套利基金，是指由金融期货（Financial Futures）和金融期权（Financial Option）等金融衍生工具（Financial Derivatives）与金融组织结合后，以高风险投机为手段，并以盈利为目的的金融基金。它是投资基金的一种形式，属于免责市场（Exempt Market）产品，意为"风险对冲过的基金"。对冲基金名为基金，实际与互惠基金安全、收益、增值的投资理念有本质区别。

对冲基金采用各种交易手段（如卖空、杠杆操作、程序交易、互换交易、套利交易、衍生品种等）进行对冲、换位、套头、套期来赚取巨额利润。这些概念已经超出了传统的防止风险、保障收益的操作范畴。加之发起和设立对冲基金的法律门槛远低于互惠基金，使之风险进一步加大。为了保护投资者，北美的证券管理机构将其列入高风险投资品种行列，严格限制普通投资者介入，如规定每个对冲基金的投资者应少于 100 人，最低投资额为 100 万美元等。

国家债券有哪些

国家债券，又称国债、公债、政府债、金边债券，即国家借的债，是国家为筹措资金而向投资者出具的借款凭证，承诺在一定的时期内按约定的条件，按期支付利息和到期归还本金。

在美国，一般以国债利率为无风险收益率。

中国的国债专指财政部代表中央政府发行的国家公债，由国家财政信誉作担保。相对于其他债券，其信誉度非常高，一般属于稳健型投资者喜欢投资的债券。其种类有：凭证式、实物券式（又叫无记名式国债或国库券）、记账式三种。

国家债券的利息一般比银行的高一些，定期多是 1 年以上至 3、5、7 年，投资国家债券算是不错的投资，比起股票或期货，风险不高。

公 司 债 券

公司债券是指公司依照法定程序发行，约定在一定期限还本付息的有价证券。公司债券是公司债的表现形式，基于公司债券的发行，在债券的持有人和发行人之间形成了以还本付息为内容的债权债务法律关系。因此，公司债券是公司向债券持有人出具的债务凭证。

公司债期限可短至几天或长达百年，发行人在债券契约中必须说明资金用途、财务状况。另外公司债还具有不免税、有固定发行面值、在交易所上市等特征，债券的发行通常由评信机构给予信用评定。

公司债券作为一种"证券"，它不是一般的物品或商品，而是能够证明经济权益的法律凭证。"证券"是各类可取得一定收益的债权及财产所有权凭证的统称，是用来证明证券持有人拥有和取得相应权益的凭证。作为"有价证券"，它反映和代表了一定的经济价值，并且自身带有广泛的社会接受性，一般能够转让，作为流通的金融性工具。因此，从这个意义上说，"有价证券"是一种所有权凭证，一般都须标明票面金额，证明持券人有权按期取得一定收入，并可自由转让和买卖，其本身没有价值，但它代表着一定量的财产权利。持有者可凭其直接取得一定量的商品、货币或是利息、股息等收入。由于这类证券可以在证券市场上买卖和流通，客观上具有了交易价格。

企 业 债 券

企业债券诞生于中国，是中国存在的一种特殊法律规定的债券形式。按照中国国务院1993年8月颁布实施的《企业债券管理条例》规定："企业债券是指企业依照法定程序发行、约定在一定期限内还本付息的有价证券。"从企业债券定义本身而言，与公司债券定义相比，除发行人有企业与公司的区别之外，其他都是一样的。

根据深、沪证券交易所关于上市企业债券的规定，企业债券发行的主体可以是股份公司，也可以是有限责任公司。申请上市的企业债券必须符合规定条件。

企业债券代表着发债企业和投资者之间的一种债权、债务关系，债券持有人是企业的债权人，债券持有人有权按期收回本息。企业债券与股票一样，同属有价证券，可以自由转让。

企业债券的风险与企业本身的经营状况直接相关。如果企业发行债券后，经营状况不好，连续出现亏损，可能无力支付投资者本息，投资者就面临着受损失的风险。所以，在企业发行债券时，一般要对发债企业进行严格的资格审查或要求发行企业有财产抵押，以保护投资者的利益。另一方面，在一定限度内，证券市场上的风险与收益成正相关关系，高风险伴随着高收益。企业债券由于具有较大风险，它们的利率通常也高于国债。

第七章
你一定要懂的企业知识

你想创业吗？你想过开公司吗？你对现代的企业运营又知道多少呢？有限责任公司和股份有限公司有什么区别？法人和自然人有什么区别？你了解债权人和债务人吗？在这里，我们为你娓娓道来。

有限责任公司

有限责任公司，又称有限公司，指由法律规定的一定人数的股东所组成，股东以其出资额为限对公司债务承担责任，公司以其全部资产对其债务承担责任的企业法人。

股份有限公司

股份公司（Stock Corporation）是指公司资本为股份所组成的公司，股东以其认购的股份为限对公司承担责任的企业法人。设立股份有限公司，应当有2人以上200人以下为发起人，注册资本的最低限额为人民币500万元。由于所有股份公司均须是负担有限责任的有限公司，但并非所有有限公司都是股份公司，所以一般合称"股份有限公司"。

上市公司

上市公司是指所发行的股票经过国务院或者国务院授权的证券管理部门批准，在证券交易所上市交易的股份有限公司。所谓非上市公司，是指其股票没有上市和没有在证券交易所交易的股份有限公司。上市公司是股份有限公司的一种，这种公司到证券交易所上市交易，除了必须经过批准外，还必须符合一定的条件。

上市公司收购

上市公司收购，是指投资者依照法定程序，公开收购股份有限公司已经上市的股份，以达到对该公司控股或兼并的目的的行为。具体来说，收购人通过在证券交易所的股份转让活动，持有一个上市公司的股份达到一定比例，或者通过证券交易所股份转让活动以外的其他合法途径，控制一个上市公司的股份达到一定程度，导致其获得或者可能获得对该公司的实际控制权的行为。

法人与自然人

法人（Legal Person）不是人，而是一种组织，是社会组织在法律上的人格化，是法律意义上的"人"。法人必须是经国家认可的社会组织。在我国，成立法人主要有两种方式：一是根据法律法规或行政审批而成立。如机关法人一般都是由法律法规或行政审批而成立的。二是经过核准登记而成立。如工商企业、公司等经工商行政管理部门核准登记后，成为企业法人。

总之，法人是具有民事权利能力和民事行为能力，依法独立享有民事权利和承担民事义务的组织，简言之，法人是具有民事权利主体资格的社会组织，并不是指某个具体的个人。而自然人是基于自然规律出生、生存的人，具有一国国籍的自然人称为该国的公民。

法人作为民事法律关系的主体，是与"自然人"相对的，两者相比具有不同的特点：

第一，法人是社会组织在法律上的人格化，是法律意义上的"人"，而不是实实在在的生命体，它是依法产生、依法消亡的。自然人的生老病死依自然规律进行，具有自然属性，而法人不具有这一属性。

第二，虽然法人、自然人都是民事主体，但法人是集合的民事主体，即法人是一些自然人的集合体。例如大多数国家（包括我国）的公司法都规定，公司法人必须由两人以上的股东组成。对比之下，自然人则是以个人本身作为民事主体的。

第三，法人的民事权利能力、民事行为能力与自然人也有所不同。

董　事

董事是指由公司股东会选举产生的具有实际权力和权威的管理公司事务的人员，是公司内部治理的主要力量，对内管理公司事务，对外代表公司进行经济活动。占据董事职位的人可以是自然人，也可以是法人，但法人充当公司董事时，应指定一名有行为能力的自然人为代理人。

股份有限公司的董事由股东大会选举产生，可以由股东或非股东担任。董事的任期，一般都是在公司内部细则中给予规定，有定期和不定期两种。定期是把董事的任期限制在一定的时间内，但每届任期不得超过3年；不定期是指从任期那天算起，满3年改选，但可连选、连任。

董事被解聘的原因有：任期届满而未能连任；违反股东大会决议；股份转让；本人辞职；其他原因，如董事死亡、公司破产、董事丧失行为能力等。

董 事 长

董事长的英文是 Chairman，准确来说是 Chairman of the Board，是股东利益的最高代表，它不属于公司雇员的范畴，理论上指的是公司管理层的所有权力的来源。

董事长是公司董事会的领导，其职责具有组织、协调、代表的性质。董事长的权力在董事会职责范围之内，不管理公司的具体业务，一般也不进行个人决策，只在董事会开会或董事会专门委员会开会时才享有与其他董事同等的投票权。总裁和首席执行官（CEO）的权力都来源于董事长，只有他拥有召开董事会、罢免总裁和 CEO 等最高权力，但董事长不掌握行政权力。

董事长可以随时解除任何人的职务，除了董事（Member of the Board）和监事（Member of the Board of Supervisors），因为董事和监事不是公司雇员，而是公司的主人和仲裁人。

总 裁

一般来说，在公司内部，总裁（President）是掌握实权的人；在 CEO 这个称谓没有诞生之前，总裁几乎是唯一掌握实权的人。一个公司的创始人经常同时给自己加上董事长和总裁两种头衔。但现代企业的所有者和管理者经常不是同一群人，再优秀的总裁往往也只占有很少的股份。一个小股东是不应该成为董事长的，就好像一个没有王室血统的人即使再优秀也当不了国王。有时候大股东的力量太强大（比如摩根、杜邦这些大财团是许多公司的大股东），以至于总裁都成了股东利益的代表，公司的行政实权就落到了其他行政人员手里——比如执行委员会主席、副总裁、财务委员会主席等，当然也包括 CEO。

总裁沦为大股东代表的例子最典型的是 20 世纪 20 年代早期的通用汽车公司，当时通用汽车创始人杜兰特因为疯狂买空股票而被一脚踢出公司，作为第一大股东的杜邦财团立即派遣了一位杜邦家族成员担任通用汽车的总裁（注意不是董事长，在通用汽车的历史上董事长一直是无足轻重的角色），直到赫赫有名的阿尔弗雷德·斯隆接任总裁为止。

首席执行官

首席执行官（Chief Executive Officer，简称 CEO），是在一个企业中负责日常经营管理的最高级管理人员。在香港和东南亚地区称作"行政总裁"，香港也有"大班"的称法；在日本则称为"最高执行长"，同时，CEO 也可以指首席体验官（Chief Experience Officer）。

CEO 是一个带有褒义的尊称，是企业掌舵人的意思。在亚洲大多数通用中文的资本市场中的比较成熟的中小企业中，CEO 是"老板"的代名词，并非严谨地专指行政总裁，而被直接作为中小企业管理者的英文简称使用。

严格来说，首席执行官是一个不恰当的称呼，它是英语 Chief Executive Officer 逐字逐句的生硬翻译，行政总裁才是 CEO 最恰当的翻译。但由于"首席执行官"这个名词在中国内地已经广泛传开，人们已经慢慢习惯了这个不恰当的称谓。

CEO领导下的执行班子，包括总经理、副总经理、各部门经理、总会计师、总工程师等。人们发现近来一些已建立现代企业制度的成功企业，正在竞相推行CEO制度，于是产生了中国的首批企业首席执行官。

董事会

董事会是依照有关法律、行政法规和政策规定，按公司或企业章程设立并由全体董事组成的业务执行机关，是股份公司的权力机构，企业的法定代表，又称管理委员会、执行委员会，由两个以上的董事组成。除法律和章程规定应由股东大会行使的权力之外，其他事项均可由董事会决定。公司董事会是公司经营决策机构，董事会向股东会负责。

董事会是股东会或企业职工股东大会这一权力机关的业务执行机关，负责公司或企业和业务经营活动的指挥与管理，对公司股东会或企业股东大会负责并报告工作。股东会或职工股东大会所做的决定、公司或企业重大事项的决定，董事会必须执行。

董事会的义务主要是：制作和保存董事会的议事录，备置公司章程和各种簿册，及时向股东大会报告资本的盈亏情况，以及在公司资不抵债时向有关机关申请破产等。

股份公司成立以后，董事会就作为一个稳定的机构而产生。董事会的成员可以按章程规定随时任免，但董事会本身不能撤销，也不能停止活动。董事会是公司的最重要的决策和管理机构，公司的事务和业务均在董事会的领导下，由董事会选出的董事长、常务董事具体执行。

监　　事

　　监事是公司的高级管理人员，履行对公司董事、经理、财务的监督职能，负责全公司的监督、检查、考核。监事的主要职权是：检查公司财务；对董事、高管执行公司职务的行为进行监督，对违反法律、法规，以及公司章程或股东决议的董事、高管提出罢免建议；依法对董事、高管提起诉讼等。

　　有限责任公司，股东人数较少和规模较小的，可以设一至二名监事。董事、经理及财务负责人不得兼任监事。

　　根据我国2005年对《公司法》重新修订的内容，修订后的《公司法》对有限责任公司的监事成员人数有了具体的规定：有限责任公司设立监事会，其成员不得少于3人。有限责任公司的监事会会议每年至少召开1次。股份有限公司的监事会会议每6个月召开1次。监事的任期每届为3年。监事任期届满，连选可以连任。

监　事　会

　　监事会是由全体监事组成的、对公司业务活动及会计事务等进行监督的机构。监事会，也称为公司监察委员会，是股份公司法定的必备监督机关，是在股东大会的领导下，与董事会并列设置，对董事会和总经理行政管理系统行使监督的内部组织。

　　为了保证公司正常、有序、有规则地进行经营，保证公司决策正确和领导层能正确执行公务，防止滥用职权，危及公司、股东及第三人的利益，各国都规定在公司中设立监察人或监事会。监事会是股东大会领导下的公司的常设监察机构，执行监督职能。监事会与董事会并立，独立地行使对董事会、总经理、高级职员及整个公司管理的监督权。为保证监事会和监事的独立性，监事不得兼任董事和经理。监事会对股东大会负责，对公司的经营管理进行全面的监督，包括调查和审查公司的业务状况，检查各种财务情况，并向股东大会或董事会提供报告，对公司各级干部的行为实行监督，并对领导干部的任免提出建议，对公司的计划、决策及其实施进行监督等。

信　托

信托（Trust）是一种特殊的财产管理制度和法律行为，同时又是一种金融制度，信托与银行、保险、证券一起构成了现代金融体系。信托业务是一种以信用为基础的法律行为，一般涉及三方面当事人，即委托人、受托人以及受益人。信托业务是由委托人依照契约或遗嘱的规定，为自己或第三者（即受益人）的利益，将财产上的权利转给受托人（自然人或法人），受托人按规定的条件和范围，占有、管理、使用信托财产，并处理其收益。

信托业在中国，最早可追溯到20世纪初。当代信托行业最早是伴随着改革开放萌生的，对于弥补我国传统单一的银行信用的不足，利用社会闲置资金、引进外资、拓展投资渠道等发挥了积极作用。随着市场经济的发展和改革的深入，社会财富迅速增长，产权制度多元化，委托他人管理和处分自己的财产势在必行，信托"一法两规"的颁布将为信托业的健康发展奠定法制基础。

信托公司能够提供全程式的金融服务，几乎涵盖了储蓄、证券经纪、保险以外的其他金融业务，但也正因为其业务范围广，导致了信托业市场定位有问题，信托投资公司什么都做，成为"金融百货公司"，最终导致"种了别人的田、荒了自己的地"。信托投资公司违规现象严重，超范围地违规经营，比如高息揽储与银行争夺存款、非法集资等。信托公司曾一度成为金融欺诈的代名词，是公认的"坏孩子"。

委托人和受托人

委托人是指委托他人为自己办理事务的人。在证券经纪业务中，委托人是指依国家法律、法规的规定，可以进行证券买卖的自然人或法人。

受托人是指在信托关系中，依信托意图管理被授予的信托财产并承担受托义务的当事人。受托人可以是有行为能力的自然人，也可以是具有受托经营能力的法人，可以为一人，也可以为数人，但某些国家的法律对受托人人数有限制。受托人有普通受托人、司法受托人和公职受托人之分，其中，基于财产授予人委任而产生的受托人为普通受托人；基于法院指定而产生的受托人为司法受托人；依政府委派而取得受托人地位的公职人员为公职受托人。

受托人可以辞退委任，也可以基于全体受益人的合意或法院判决而被撤职。按照英、美、法观念，受托人对信托财产享有"法律上的所有权"，即由信托条款所明确授予的以及那些虽未明确授予但为实现信托意图所必需的财产支配权。

股 东 大 会

股东大会是公司的最高权力机关，它由全体股东组成，对公司的重大事项进行决策，有权选任和解除董事，并对公司的经营管理有着广泛的决定权。

股东大会既是一种定期或临时举行的由全体股东出席的会议，又是一种非常设的由全体股东所组成的公司制企业的最高权力机关。它是股东作为企业财产的所有者，对企业行使财产管理权的组织。企业一切重大的人事任免和重大的经营决策一般都需要股东大会的认可和批准方才有效。股东大会有三种：（1）法定大会；（2）年度大会；（3）临时大会。除了上述三种大会外，还有特种股东会议。

国　　企

国企是国有企业的简称，或者称为国营事业或国营企业。国际惯例中，国有企业仅指一个国家的中央政府或联邦政府投资或参与控制的企业。而在中国，国有企业还包括由地方政府投资参与控制的企业，政府的意志和利益决定了国有企业的行为。

国有企业的普遍出现始于二次世界大战后。1945年开始，英国逐渐将一系列基础工业和英格兰银行收归国有，法国则将能源部门、保险部门、金融部门和一些大公司改为国家接管。与此同时，日本政府设立的国有企业从战争结束的7个迅速增加到20世纪70年代中期的114个。美国政府也创办了一些国有企业，这些国有企业主要集中于能源部门、基础设施部门、提供公共产品部门和科技开发部门。

第二次世界大战以后，广大发展中国家为了振兴民族经济，推动本国工业化，掀起了两次国有化高潮。第一次是在20世纪50年代后期到60年代中期，它是紧随着民族解放运动的高涨而出现的，主要矛头对着殖民企业和殖民地的经济管理企业，包括海关、银行、税务机构，以及原殖民者拥有的足以垄断或操纵国计民生的大企业，这次国有化高潮实际上是民族解放运动在经济领域的继续。第二次是在20世纪70年代，这是在中东产油国收回石油资源主权的斗争取得胜利的鼓舞下，发展中国家掀起了收回自然资源主权的潮流。在这一潮流中，一些国家把实际操纵本国经济关键部门的外资企业收归国有，并使一些矿山资源和农、渔业资源回到本国手中。

发展中国家国有经济的发展，对于维护国家主权、争取经济独立、奠定国民经济发展的基础和建立较完整的市场机制、维护社会经济的正常运行以及促进区域经济平衡发展、带动其他经济成分的发展、推动发展中国家技术进步，都起了巨大的作用。同时，国有经济在实践中也逐渐暴露出高度垄断、产权不清、政企不分、管理混乱等多种弊端。20世纪70年代中期以来，许多发展中国家针对本国具体情况，采用各种各样的措施，对国有经济进行整顿和改造，取得了很大的成效。

营 业 执 照

营业执照是企业法人营业执照的简称，是企业或组织合法经营权的凭证。营业执照的登记事项为：名称、地址、负责人、资金数额、经济成分、经营范围、经营方式、从业人数、经营期限等。营业执照分正本和副本，二者具有相同的法律效力。正本应当置于公司住所或营业场所的醒目位置。营业执照不得伪造、涂改、出租、出借、转让。

企 业 文 化

企业文化，或称组织文化（Corporate Culture 或 Organizationalculture），是一个组织由其价值观、信念、仪式、符号、处事方式等组成的特有的文化形象。

企业文化是可策划的，企业欲上市，管理先上市，价值观先上市。张瑞敏曾经说过："海尔 17 年只做了一件事情，就是创新。"如果问海尔成功之道是什么，就是海尔所建立的特色文化以及持续多年只做一件事情。许多年来，很多企业奔走到海尔取经学习，资料拿走了不少，但是却没有真正创造出几个"海尔"。为什么？因为形易似而神难似。海尔总裁杨绵绵也说过一句话："人人都说海尔的核心就是创新文化，但是如何让创新落实，海尔的成功就在于坚持文化，坚持了 20 年。为什么海尔的管理模式搬不走？因为这种管理模式枯燥、辛苦。"杨绵绵说，"人有三商：情商、智商和韧商，而韧商最难达到，这也是海尔的文化。"

文化是"道"，它贯穿企业发展始终，又潜行于企业各个细节和制度中。文化无形却又比有形之物更具有力量，是"理念制胜"时代企业的核心。因此，优秀企业不但要上市，更主要是文化上市，价值观上市。

企业精神

企业精神指的是企业员工所具有的共同内心态度、思想境界和理想追求，它表达着企业的精神风貌和企业的风气，往往以简洁而富有哲理的语言形式加以概括，通常通过厂歌、厂训、厂规、厂徽等形式形象地表达出来。企业精神是企业文化的一项重要而复杂的内容，人们对它的认识并不完全一致，有人认为它是企业全部的精神现象和精神活力。有人把它同企业价值观念等同起来，这些认识都没有抓住企业精神的实质。所谓企业精神，主要是指企业经营管理的指导思想，在美国称为"企业哲学"，在日本称为"社风"。

美国著名管理学者托马斯·彼得曾说："一个伟大的组织能够长期生存下来，最主要的条件并非结构、形式和管理技能，而是我们称之为信念的那种精神力量以及信念对组织全体成员所具有的感召力。"

ISO，全称是国际标准化组织（International Organization for Standards）。ISO 一词来源于希腊语 ISOS，即 E-QUAL，是平等之意。ISO 是一个全球性的非政府组织，是国际标准化领域中一个十分重要的组织。ISO 由 91 个成员国和 173 个学术委员会组成，其成员由来自世界上 117 个国家和地区的国家标准化团体组成，中国是 ISO 的正式成员，代表中国的组织为中国国家标准化管理委员会（Standardization Administration of China，简称 SAC）。

ISO 与国际电工委员会（IEC）有密切的联系。中国参加 IEC 的国家机构是国家技术监督局。ISO 和 IEC 都是非政府机构，它们制订的标准实质上是自愿性的，这就意味着这些标准必须是优秀的标准,它们会给工业和服务业带来收益,所以人们自觉使用这些标准。ISO 和 IEC 不是联合国机构,但它们与联合国的许多专门机构保持技术联络关系。ISO 和 IEC 有约 1000 个专业技术委员会和分委员会,各会员国以国家为单位参加这些技术委员会和分委员会的活动。ISO 和 IEC 还有约 3000 个工作组。ISO、IEC 每年制订和修订 1000 个国际标准。

产品质量认证

产品质量认证是认证机构证明产品符合相关技术规范、相关技术规范的强制性要求或者标准的合格评定活动,即由一个公正的第三方认证机构,对工厂的产品抽样,按规定的技术规范、技术规范中的强制性要求或者标准进行检验,并对工厂的质量管理保证体系进行评审,以做出产品是否符合有关技术规范、技术规范中的强制性要求或者标准,工厂能否稳定地生产合格产品的结论。如果检验评审通过,则发给合格证书,允许在被认证的产品及其包装上使用特定的认证标志。

供 应 链

供应链是围绕核心企业,通过对信息流、物流、资金流的控制,从采购原材料开始,制成中间产品以及最终产品,最后由销售网络把产品送到消费者手中的将供应商、制造商、分销商、零售商,直到最终用户连成一个整体的功能网链结构。

供应链的概念是从扩大的生产（Extended Production）的概念发展来的，它将企业的生产活动进行了前伸和后延。例如，日本丰田公司的精益协作方式中就将供应商的活动视为生产活动的有机组成部分而加以控制和协调，这就是向前延伸。后延是指将生产活动延伸至产品的销售和服务阶段。因此，供应链就是通过计划、获得、存储、分销、服务等这样一些活动而在顾客和供应商之间形成的一种衔接，从而使企业能满足内外部顾客的需求。

形象一点地说，我们可以把供应链描绘成一棵枝叶茂盛的大树：生产企业构成树根；独家代理商则是主杆；分销商是树枝和树梢；满树的绿叶、红花是最终用户；在根与主杆、枝与杆的一个个结点，蕴藏着一次次的流通，遍体相通的脉络便是信息管理系统。

供应链上各企业之间的关系与生物学中的食物链类似。

啤酒效应是什么

啤酒效应指的并非仅是啤酒行业的现象，而是营销流通领域中一种具有普遍意义的现象。由于链中各节点企业之间资讯的不对称以及为了追求自身利益的最大化，造成了需求资讯在内部的传递中失真。

由于信息传递的失真，零售商对需求乐观，遂追加订货；零售商的提高需求又大大刺激了生产商，生产商的行为又更大地刺激了原料供给商。也就是说，信号在逆向传递的过程中被不断放大了，消费者的需求可能只需要10瓶，但零售商的订单使得生产商对需求盲目乐观，造成了好像需要100瓶的印象。而生产商向上游供给商的大量订货又给原料商造成好像需要 1000 瓶的印象。反之，当需求缩减的时候也是一样。

曾经，麻省理工学院的斯特曼教授做了一个著名的试验——啤酒销售流通试验。在这个试验中有四组学生分别代表消费者、零售商、经销商、厂家，由此形成一个简单的供应链。试验要求：任何上、下游企业之间不能交换任何商业资讯，只允许下游企业向上游企业传递订单，消费者只能将订单下给零售商。结果表明：由于链中各节点企业之间资讯的不对称以及为了追求自身利益的最大化，造成需求资讯在供应链内部传递时失真了。

"啤酒效应"暴露了供应链中信息传递中的问题。不对称的信息往往会扭曲供应链内部的需求信息，而且不同阶段对需求状况有着截然不同的估计，如果不能及时详细掌握供应链的供求状况，其结果便是导致供应链失调。

连 锁 经 营

连锁经营是一种商业组织形式和经营制度，是指经营同类商品或服务的若干个企业，以一定的形式组成一个联合体，在整体规划下进行专业化分工，并在分工基础上实施集中化管理，把独立的经营活动组合成整体的规模经营，从而实现规模效益。另外，在连锁经营的发展过程中，出现了一个新的概念和模式，即反欺诈委托加盟。这是为了帮助加盟投资商尽量减少加盟风险，由伦琴反欺诈加盟网推出的反欺诈委托加盟业务，就是从加盟创业、维权、店铺经营这三个方面进行整体策划。

电子商务

电子商务（Electronic Commerce，简称 EC）通常指的是在全球各地的商业贸易活动中，在因特网开放的网络环境下，基于浏览器、服务器等应用方式，买卖双方不谋面地进行各种商贸活动，实现消费者的网上购物、商户之间的网上交易和在线电子支付以及各种商务活动、交易活动、金融活动和相关的综合服务活动的一种新型的商业运营模式。

电子商务涵盖的范围很广，一般可分为企业对企业、企业对消费者两种。另外，还有消费者对消费者这种大步增长的模式。随着国内互联网使用人数的增加，利用互联网进行网络购物并以银行卡付款的消费方式已渐流行，市场份额也在迅速增长，电子商务网站也层出不穷。电子商务最常见之安全机制有 SSL（安全套接层协议）及 SET（安全电子交易协议）两种。

企 业 家

企业家（Entrepreneur）一词是从法语中借来的，其原意是指"冒险事业的经营者或组织者"。在现代企业中企业家大体分为两类，一类是企业所有者企业家，作为所有者，他们仍从事企业的经营管理工作；另一类是受雇于所有者的职业企业家。更多的情况下，企业家只指第一种类型，而把第二种类型称作职业经理人。

企业家的基本素质包括三个方面：第一个是有眼光；第二个是有胆量；第三个是有组织能力。

对企业家的认识可以追溯到18世纪，法国经济学家康蒂永·R将经济中承担风险的行为与企业家联系起来。在英国的同一时期，工业革命正在演进，企业家在承担风险和自由的转化中扮演着显著的角色。英国经济学家马歇尔认为，企业家是以自己的创新力、洞察力和统率力，发现和消除市场的不平衡性，创造交易机会和效用，给生产过程提出方向，使生产要素组织化的人。美国经济学家熊彼得认为，企业家是不断在经济结构内部进行"革命突变"，对旧的生产方式进行"创造性破坏"，实现生产要素重新组合的人。美国经济学家德鲁克也认为，企业家是革新者，是勇于承担风险、有目的地寻找革新源泉、善于捕捉变化，并把变化作为可供开发利用机会的人。

品 牌 效 应

买东西，买有牌子的，常常能让我们放心。品牌犹如蒙娜丽莎的微笑，每个人都可以感受到她的魅力，却很少有人能清晰地表达出来。究竟品牌是什么？为什么有品牌效应？

品牌即标识，品牌一词起源于西班牙的游牧民族，为了在交换时与他人的牲畜相区别，因此品牌为烙印的意思。直到1960年，营销学词典中给出了品牌的一个比较确切的定义：用以识别另一个或另一群产品的名称、术语、记号或设计，以和其他竞争者的产品和劳务相区别。

品牌的内在含义为：第一，品牌是区分的标志，这种标志能提供货真价实的象征和持续一致的保证。第二，品牌是一种"信号标准"。品牌意味着高质量、高信誉、高效益、低成本。在创造品牌和扩大品牌覆盖面的过程中，只有通过产品结构的优化、存量资产的盘活、技术含量的提高和科学化的管理才能使企业不断地发展壮大起来。

品牌不仅仅是一种符号结构，一种产品的象征，更是企业、产品、社会的文化形态的综合反映和体现；品牌不仅仅是企业的一项产权和消费者的认识，更是企业、产品与消费者之间的关系载体。品牌的底蕴是文化，品牌的目标是关系，品牌效应正是体现了这种文化与关系。

品牌文化

品牌文化（Brand Culture），指的是通过赋予品牌深刻而丰富的文化内涵，建立鲜明的品牌定位，并充分利用各种强有效的内、外部传播途径，形成消费者对品牌在精神上的高度认同，创造品牌信仰，最终形成强烈的品牌忠诚。拥有品牌忠诚就可以赢得顾客忠诚，赢得稳定的市场，大大增强企业的竞争能力，为品牌战略的成功实施提供强有力的保障。

在消费者心目中，他们所钟情的品牌作为一种商品的标志，除了代表商品的质量、性能及独特的市场定位以外，更代表他们自己的价值观、个性、品位、格调、生活方式和消费模式；他们所购买的产品也不只是一个简单的物品，而是一种与众不同的体验和特定的表现自我、实现自我价值的道具；他们认牌购买某种商品也不是单纯的购买行为，而是对品牌所能够带来的文化价值的心理利益的追逐和个人情感的释放。品牌就像一面高高飘扬的旗帜，品牌文化代表着一种价值观、一种品位、一种格调、一种时尚、一种生活方式，它的独特魅力就在于它不仅仅提供给顾客某种效用，而且帮助顾客去寻找心灵的归属，放飞人生的梦想，实现他们的追求。

优秀的品牌文化还可以使消费者对其产品的消费成为一种文化的自觉，成为生活中不可或缺的内容。如美国人到异国他乡，一看到麦当劳就会不由自主地想进去，最主要的原因并不是麦当劳的巨无霸特别适合他们的口味，而是他们内心潜在的一种文化认同的外在流露，认为麦当劳是美国文化的象征，使他们看到麦当劳就倍感亲切，从而潜意识地产生消费欲望。正如劳伦斯·维森特在阐述传奇品牌的成功经验时指出的，这些品牌"蕴含的社会、文化价值和存在的价值构成了消费者纽带的基础"。

营　　销

营销是关于企业如何发现、创造和交付价值，以满足一定的目标市场的需求，同时获取利润的学科。营销学用来辨识未被满足的需要，定义、量度目标市场的规模和利润潜力，找到最适合企业进入的市场细分和适合该细分的市场供给品。真正意义上的营销，即市场营销，在某种意义上讲，谈论市场营销应该为公司做些什么，就是在谈论公司该持有什么样的最终目标和战略目的。从公司角度讲，市场营销的职能就是保证客户和消费者成为企业的中心环节，其另一职能便是指导企业决策。

分　　销

如今的工业化产品都经过市场调研、产品设计、产品研发、产品生产、市场推广、销售和售后服务等七个阶段，其中由产品生产到用户购买的过程是借助外部资源来完成商品的销售服务的，这个过程就叫分销管理。分销网络就是充分利用经销商的资源进行商品销售的组织，它是连接厂商和客户的桥梁。分销管理需要客户、销售、资金和媒体等这些外部资源，一般来讲，客户资源是其中最重要的一种资源。但是具体情况还需要具体分析，事实上，最缺乏的资源正是最重要的资源，厂商要根据自己的资源状况来对经销商的资源进行评估，从而选择其中最合适的资源。

作为大多数依靠分销为主要销售渠道的企业来说，分销商既是他们的合作伙伴，又是他们市场、销售、服务的前沿驻地。所以，能够及时地了解分销商的运作情况，给予稳定必要的协作，是每一位厂商期望的目标。然而，由于信息技术水平发展的不一致，很多往来的信息沟通仍需要大量手工介入，因而，导致了企业无法准确地了解分销商的业务、财务信息，其结果往往是企业无法有效地确定生产规模和货物付运的时间，进而造成库存积压，影响资金的正常周转，甚至是整个企业的决策及战略部署。当所有这些矛盾成为制约企业发展的瓶颈时，就需要采取必要的措施逾越瓶颈，因此，分销管理在企业管理过程中十分重要。

在分销管理中存在着很多种分销业务模式，其中包括：渠道结构、销售方式、结算方式、储运方式、培训系统、广告、促销手段等几个部分。人们往往很少强调业务模式，工作的重点就是想怎样把商品卖给经销商，却很少强调业务模式的后果就是把商品囤积给了经销商，阻塞了通路。经销商为了保住血本，只有甩货，这样一来势必会扰乱了厂商的价格体系。所以，要想长久地占领市场，就必须要考虑消费者、经销商、厂商等三方的利益，建设健全网络要从业务模式开始。

售后服务，是指生产企业、经销商把产品（或服务）销售给消费者之后，为消费者提供的一系列服务，包括产品介绍、送货、安装、调试、维修、技术培训、上门服务等。

在市场竞争激烈的今天，随着消费者维权意识的提高和消费观念的变化，消费者在选购产品时，不仅注意到产品实体本身，在同类产品的质量和性能相似的情况下，更加重视产品的售后服务。因此，企业在提供物美价廉的产品的同时，向消费者提供完善的售后服务，已成为现代企业市场竞争的新焦点。在中国，就有海尔集团因售后服务做得好，而销售稳步上升的案例。

售后服务的内容主要包括：（1）代为消费者安装、调试产品；（2）根据消费者要求，进行有关使用等方面的技术指导；（3）保证维修零配件的供应；（4）负责维修服务；（5）对产品实行"三包"，即包修、包换、包退（现在许多人认为产品售后服务就是"三包"，这是一种狭义的理解）；（6）处理消费者来信、来访，解答消费者的咨询，同时用各种方式征集消费者对产品质量的意见，并根据情况及时改进。

客观地讲，优质的售后服务是品牌经济的产物，名牌产品的售后服务往往优于杂牌产品。名牌产品的价格普遍高于杂牌，一方面是基于产品的成本和质量，同时也是因为名牌产品的销售策略中已经考虑到了售后服务的成本。

从服务体系而言，产品的售后服务，既有生产厂商直接提供的，也有经销商提供的，但更多的是以厂家、商家合作的方式展现给消费者的。

债 权 人

债权人（Creditors）主要是指预付款者，有权请求他方为特定行为的权利主体，即指那些对企业提供需偿还的融资的机构和个人，包括给企业提供贷款的机构或个人（贷款债权人）和以出售货物或劳务形式提供短期融资的机构或个人（商业债权人）。

贷款债权人最关心的是债权的安全，包括贷款到期的收回和利息的偿付。因此，他们需要了解企业的获利能力和现金流量，以及有无其他需要到期偿还的贷款。

商业债权人最关心的是企业准时偿还贷款的能力，因此，他们需要了解企业的短期偿债能力。

债 务 人

按我国现行法律的规定，在民间借贷关系中，将钱借给他人的人，称为债权人；相对而言从别人手中借钱，欠别人钱的人称为债务人。

债务人，通常指根据法律或合同、契约的规定，在借债关系中对债权人负有偿还义务的人。与债权人相对，在财务会计学的术语中，债务人指的是欠别人钱的实体或个人。

简单地讲，基于法定或约定的原因，你应当给我100万，这时，对我来说，你就是我的债务人，我就是你的债权人。

破　　产

破产，指的是当债务人的全部资产无法清偿到期债务时，债权人通过一定法律程序将债务人的全部资产供其平均受偿，从而使债务人免除不能清偿的其他债务。破产在多数情况下是指一种公司行为和经济行为，但人们有时也习惯于把个人或者公司停止继续经营叫作破产。

公司破产要经以下法定程序：

（1）破产的申请：破产申请，是指当事人向法院提出的宣告公司破产的请示。

（2）破产的受理：人民法院裁定或受理公司破产案件后，应当在10日内通知债务人和已知的债权人，并发布公告。债权人应当在收到通知后的30天内（未收到通知的债权人应当自公告之日起3个月内）向人民法院申报债权，说明债权的数额、有无财产担保并提交证明材料。逾期申报债权的，视为自动放弃债权。

（3）破产的和解协议：破产和解是指人民法院受理和解申请或破产申请后、宣告债务人破产前，债务人和债权人会议就债务人延期清偿债务、减少债务数额等事项达成和解协议，经人民法院认定后，终止破产程序的一种制度。

（4）破产的宣告：法院对债权人或债务人提出的破产申请进行审理，确认其具备法定条件的即可宣告破产。

（5）破产的清算：《公司法》规定，公司因不能清偿到期债务，被依法宣告破产的，由人民法院依照有关法律的规定，组织股东、有关机关及有关专业人员成立清算组，对公司进行破产清算。

（6）破产终结：破产终结是指法院裁定的破产程序的终结。

破产保护

破产保护（Bankruptcy Protection），指的是不管债务人是否有偿付能力，当债务人自愿向法院提出或债权人强制向法院提出破产重组申请后，债务人要提出一个破产重组方案，就债务偿还的期限、方式以及可能减损某些债权人和股东的利益做出安排。这个方案要给予其一定的时间提出，然后经过债权人通过，经过法院确认，债务人可以继续营业。这就是重整的概念，又叫作破产保护。

跨国公司

跨国公司（Transnational Corporation），又称为多国公司（Multi-national Enterprise）、国际公司（International Firm）、超国家公司（Super National Enterprise）和宇宙公司（Cosmo-corporation）等。20世纪70年代初，联合国经济及社会理事会组成了由知名人士参加的小组，较为全面地考察了跨国公司的各种准则和定义后，于1974年作出决议，决定联合国统一采用"跨国公司"这一名称。

具体来说，跨国公司指由两个或两个以上国家的经济实体所组成，并从事生产、销售和其他经营活动的国际性大型企业。跨国公司的雏形最早出现在16世纪，成长于19世纪70年代之后，已经成为世界经济国际化和全球化发展的重要内容、表现和主要推动力。跨国公司的主要特征有：（1）一般都有一个国家实力雄厚的大型公司为主体，通过对外直接投资或收购当地企业的方式，在许多国家建立有子公司或分公司；（2）一般都有一个完整的决策体系和最高的决策中心，各子公司或分公司虽各自都有自己的决策机构，都可以根据自己经营的领域和不同特点进行决策活动，但其决策必须服从于最高决策中心；（3）一般都从全球战略出发安排自己的经营活动，在世界范围内寻求市场和合理的生产布局，定点专业生产，定点销售产品，以谋取最大的利润；（4）一般都应有强大的经济和技术实力，有快速的信息传递，以及资金快速跨国转移等方面的优势，所以在国际上都有较强的竞争力；（5）许多大的跨国公司由于经济、技术实力或在某些产品生产上的优势，或对某些产品，或在某些地区，都带有不同程度的垄断性。

兼并与收购

兼并有广义和狭义之分。广义的兼并是指一个企业获得另一个企业的控制权，从而使若干个企业结合成一个整体来经营。狭义的兼并是指两个规模大致相当的企业结合起来，将其资源整合成一个实体。兼并前企业的股东或所有者在兼并企业中拥有股份，同时原来企业的高级管理人员继续在兼并后的企业中担任高级管理职位。相反，收购是指一个企业取得另一个企业的所有权和管理控制权。是否取得控制权是区分兼并与收购的关键。

1992年9月，瑞德国际（Reed International）和荷兰出版商 Elsevier 宣布了一项没有任何现金支付的合并计划。52亿美元的合并创造出世界上第三大出版业集团。瑞德国际和荷兰出版商作为母公司各占50％的股份，同时它们保留各自在伦敦和阿姆斯特丹股票市场的上市资格。

第八章
跟外国人做生意要懂点国际贸易

你想跟外国人做生意吗？你知道进出国贸易是怎么回事吗？你想了解国际贸易中的汇率吗？你知道关贸总协定是什么意思吗？跟外国人做生意还要了解哪些贸易金融知识呢？这里为你娓娓道来。

国 际 贸 易

国际贸易（International Trade）是指不同国家或地区之间的商品和劳务的交换活动，也叫世界贸易。国际贸易由进口贸易和出口贸易两部分组成，故有时也称为进出口贸易。提到对外贸易时要指明特定的国家，如中国的对外贸易等。某些岛国如英国、日本等也称对外贸易为海外贸易。

国际贸易是在一定的历史条件下产生和发展起来的，形成国际贸易的两个基本条件是：（1）社会生产力的发展；（2）国家的形成。社会生产力的发展产生出用于交换的剩余商品，这些剩余商品在国与国之间交换，就产生了国际贸易。

出 口 贸 易

出口贸易又称输出贸易（Export Trade），是指本国生产或加工的商品输往国外市场销售。从国外输入的商品，未在本国消费，又未经本国加工而再次输出国外，称为复出口或再输出（Re-Export Trade）。出口贸易的一般流程包括：报价、订货、付款方式、备货、包装、通关手续、装船、运输保险、提单、结汇。

在我国的出口业务中，根据某些商品的特点和扩大出口的需要，在适当的市场上，选择适当客户，也可采用包销方式。包销（Exclusive Sales）指出口人（委托人）通过协议把某一种商品或某一类商品在某一个地区和期限内的经营权给予国外某个客户或公司的贸易做法。包销与通常的单边逐笔出口不同。它除了当事人双方签有买卖合同外，还须在事先签有包销协议。采用包销方式，买卖双方的权利与义务是包销协议所确定的。两者签订的买卖合同也必须符合包销协议的规定。

进 口 贸 易

进口贸易又称输入贸易（Import Trade），是指将外国商品输入本国市场销售。输往国外的商品未经消费和加工又输入本国，称为复进口或再输入（Re-Import Trade）。

在决定进口之前，必须对国内市场的价格进行调查，弄清对方供应情况及其价格趋势。不同类型的市场产品价格所受影响的因素也不同，如：（1）原材料市场：生产周期短，市场变化快。（2）农产品市场：这类商品的价格直接受到主要生产国播种面积和气候变化的影响，一般从报纸杂志和有关外贸公司都可以了解到。（3）技术和机械设备市场：价格比较稳定，一般说来，可通过以下渠道调查：①与外国厂商进行技术交流和直接洽谈，进行技术比较和价格比较；②通过有关外贸行业查询我国已进口同品种的合同价格；③向咨询公司进行技术和价格咨询；④通过我国驻外商务机构调查了解；⑤查阅国内外商务报纸杂志。（4）日用商品市场：价格比原材料价格稍加稳定，一般可通过如下渠道调查：①通过有关外贸公司了解；②和经营该商品的外商接触进行询价；③通过我国驻外机构调查了解。

WTO

WTO是世界贸易组织的英文World Trade Organization的简称，是一个独立于联合国的永久性国际组织。1995年1月1日正式开始运作，负责管理世界经济和贸易秩序，总部设在瑞士日内瓦莱蒙湖畔。世贸组织是具有法人地位的国际组织，在调解成员争端方面具有很高的权威性。世贸组织与世界银行、国际货币基金组织一起，并称为当今世界经济体制的"三大支柱"。

1996年1月1日，世界贸易组织正式取代关贸总协定临时机构，它的前身是1947年订立的关税及贸易总协定。与关贸总协定相比，世贸组织涵盖货物贸易、服务贸易以及知识产权贸易，而关贸总协定只适用于商品货物贸易。目前，世贸组织的贸易量已占世界贸易的95%以上。

WTO的最高决策权力机构是部长会议，至少每两年召开一次会议，下设总理事会和秘书处，负责世贸组织日常会议和工作。总理事会设有货物贸易、非货物贸易（服务贸易）、知识产权三个理事会和贸易与发展、预算两个委员会。总理事会还设贸易政策核查机构，负责监督各个委员会并起草国家政策评估报告。对美国、欧盟、日本、加拿大每两年起草一份政策评估报告，对最发达的16个国家每4年一次，对发展中国家每6年一次。

中国与世贸组织的渊源：

1995年7月11日，世贸组织总理事会会议决定接纳中国为该组织的观察员。

2001年9月12日至17日，世贸组织中国工作组第18

次会议在日内瓦举行，此次会议通过了中国加入世贸组织多边文件，提交总理事会审议，会议宣布结束中国工作组的工作。

2001年11月10日，在多哈召开的世贸组织第四次部长级会议，审议并表决中国加入世贸组织。

2001年12月11日，中国正式成为世贸组织成员。

世界银行

世界银行（WBG）是世界银行集团的俗称，"世界银行"这个名称一直是用于指国际复兴开发银行（IBRD）和国际开发协会（IDA）。这些机构联合向发展中国家提供低息贷款、无息信贷和赠款。它是一个国际组织，一开始的使命是帮助在第二次世界大战中被破坏的国家重建。今天它的任务是资助国家克服穷困，在减轻贫困和提高生活水平的使命中发挥独特的作用。

世界银行的工作经常受到非政府组织和学者的严厉批评，有时世界银行自己内部的审查也对其某些决定质疑。世界银行往往被指责成为美国或西方国家施行有利于它们自己的经济政策的执行者，此外往往过快、不正确地、按错误的顺序引入或在不适合的环境下进行市场经济改革，对发展中国家的经济反而造成更大的破坏。世界银行的真正掌控者是世界银行巨头，他们最终的目的是追逐利润，现在的状况可以说是一个妥协的结果。

今天世界银行的主要帮助对象是发展中国家，帮助它们建设教育、农业和工业设施。世界银行向成员国提供优惠贷款，同时向受贷国提出一定的要求，比如减少贪污或建立民主等。

国际货币基金组织

国际货币基金组织（International Monetary Fund，简称 IMF）于 1945 年 12 月 27 日成立，与世界银行并列为世界两大金融机构，其职责是监察货币汇率和各国贸易情况、提供技术和资金协助、确保全球金融制度运作正常，其总部设在华盛顿。我们常听到的"特别提款权"就是该组织于 1969 年创设的。

该组织的资金来源于各成员认缴的份额。成员享有提款权，即按所缴份额的一定比例借用外汇。1969 年又创设"特别提款权"的货币（记账）单位，作为国际流通手段的一个补充，以缓解某些成员的国际收入逆差，成员有义务提供经济资料，并在外汇政策和管理方面接受该组织的监督。

国际货币基金组织的最高权力机构为理事会，由各成员派正、副理事各一名组成，一般由各国的财政部长或中央银行行长担任。每年 9 月举行一次会议，各理事会单独行使本国的投票权（各国投票权的大小由其所缴基金份额的多少决定）。执行董事会负责日常工作，行使理事会委托的一切权力，由 24 名执行董事组成，其中 8 名由美、英、法、德、日、俄、中、沙特阿拉伯指派，其余 16 名执行董事由其他成员分别组成 16 个选区选举产生。中国为单独选区，亦有一席。执行董事每两年选举一次，总裁由执行董事会推选，负责基金组织的业务工作，任期 5 年，可连任，另外还有 3 名副总裁。

欧　盟

　　欧洲联盟（European Union），简称欧盟（EU），总部设在比利时首都布鲁塞尔，是由欧洲共同体（European Community，又称欧洲共同市场）发展而来的，主要经历了三个阶段：荷卢比三国经济联盟、欧洲共同体、欧盟，实际上是一个集政治实体和经济实体于一身、在世界上具有重要影响的区域一体化组织。1991年12月，欧洲共同体马斯特里赫特首脑会议通过《欧洲联盟条约》，通称《马斯特里赫特条约》（简称《马约》）。1993年11月1日，《马约》正式生效，欧盟正式诞生。

　　欧盟现有27个成员国，4.8亿人口（2009年1月），GDP为12万亿美元。欧盟的宗旨是"通过建立无内部边界的空间，加强经济、社会的协调发展和建立最终实行统一货币的经济货币联盟，促进成员国经济和社会的均衡发展"，"通过实行共同外交和安全政策，在国际舞台上弘扬联盟的个性"。欧盟27国总面积432.2万平方千米。

　　欧元1999年1月1日起在奥地利、比利时、法国、德国、芬兰、荷兰、卢森堡、爱尔兰、意大利、葡萄牙和西班牙11个国家开始正式使用，并于2002年1月1日取代上述11国的货币。